一日一考　日本の政治

原武史
Hara Takeshi

河出新書
032

はじめに

本書は、閏年（うるうどし）の2月29日を含む1年366日の1月1日から12月31日まで、1日ごとに政治とは何かを考えるための文章や言葉を配置し、それぞれの文章や言葉に対する筆者の解説を加えたものである。

本書のモデルとして強く意識したのは、木田元編『一日一文　英知のことば』（岩波書店、2004年。岩波文庫、2018年）だった。いかにも岩波書店らしい本のつくりで、哲学者の木田自身の判断基準により、誰もが知っていそうな古今東西の思想家や作家、宗教家らの名言が1月1日から12月31日まで日ごとにずらりと並んでいる。まさに「英知のことば」のサブタイトルにふさわしい内容になっている。

本書でも、定番といえる政治思想の古典からいくつか引用している。しかし政治とは何かを考えるためには、いわゆる名言を並べるだけでは十分でない。現実の政治は、権力や暴力が必然的に介在し、権力者の堕落や権力の腐敗が横行し、意に反しての妥協や取り引きが求められる場面も少なくないからだ。時にはもっともらしい理念やスローガンを掲げて戦争を仕掛けたり、体制の転覆を企てたり、要人を暗殺したりすることもある。日本政治思想史を研究する渡辺浩はこう述べている。

組織的な暴力は、意識と言語によって可能となる。そして、信従だけでなく、忍従も屈従も、必ず意識を媒介する。その意味で、人々の様々な「心性」や意識・潜在意識そして無意識において、政治社会は存立するのである。「思想家」たちの議論も、それらを前提として発せられる。もしもそう考えるならば、政治思想史は、単に「思想家」たちの体系的理論をたどるだけには、留まり難いのである。

（渡辺浩『東アジアの王権と思想』、東京大学出版会、１９９７年）

この文章は「思想家」だけでなく「政治家」にも当てはまるだろう。「思想家」や「政治家」の言説をたどるだけで政治学が成り立つわけではない。政治社会の実態を明らかにするには、できる限り「人々の様々な『心性』や意識・潜在意識そして無意識」を探らなければならないということだ。

そこで本書では、以下のような基準をつくった。

1　いわゆる有名思想家や有名政治家の文章だけにしない。無名な人々の文章も入れる。
2　男性の文章に偏らないようにする。なるべく女性の文章を入れる。
3　「善人」の文章だけにしない。独裁者やテロリスト、過激派、狂信的な宗教家など「悪人」の文章も入れる。
4　近現代の人物を中心としつつ、古代から近世までの人物も入れる。
5　外国人の文章を引用する場合には、日本の政治体制や政治思想に対する理解を助けると判断される文章にする。

この結果、狭義の政治家や政治学者、政治思想家は全体の一部を占めるにすぎなくなり、それ以外の人々のほうが多くなった。具体的にいえば、天皇、皇族、宮中側近、女官、軍人、外国使節、ジャーナリスト、哲学者、歴史学者、社会学者、憲法学者、民俗学者、宗教学者、評論家、宗教家、教育者、財界人、建築家、運動家、作家、随筆家、詩人、歌人、俳人、歌手、在日コリアン、シベリア抑留者、医師、機関士、無名の庶民などである。

だがもちろん、公平に選べたとは考えていない。私自身の専門である天皇や皇室に関する文章が比較的多くなっていることは否定できない。あの政治家が入っていない、あの思想家が入っていない、あの政治学者が入っていない、引用するならこの箇所を引用すべきだったなどと言われるのは、もとより覚悟している。

これだけ多くの人物が入っていれば、当然政治に対する見方も多種多様になる。女性観をめぐるプラトンとアリストテレス、代議制をめぐるルソーとコンスタンあるいは梁啓超と章炳麟、女帝をめぐる井上毅と千葉卓三郎、日本国憲法をめぐる加藤典洋と柄谷行人、デモや社会運動をめぐるネグリ＝ハートと東浩紀、１９６９（昭和44）年の新宿フォーク・ゲリラをめぐる大木晴子と平林たい子など、同じ問題に対して相異なる見解をもった文章が、本書には多く収録されている。

日付をどう選定したかについても記しておきたい。『一日一文』では日付と言葉の組み合わせはおおむね任意で、せいぜい引用した人物の生まれた日か死去した日に合わせただけだった。本書では、引用した文章の内容にちなんだ日をなるべく選ぶようにした。例えば1月7日と8日には昭和天皇の死去と平成改元に関する文章を、3月19日と20日には地下鉄サリン事件に関する文章を、8月14日と15日には終戦の詔書に関する文章を引用した。ただしすべての文章を日付にうまくはめ込めたわけではない。とりわけ政治における原理的なものを考察した文章については、日付と関係なく引用している。

引用した文章に続いて、著者による解説文を付け、紙幅が限られた引用文を読者がより深く理解できるように努めた。まずは加工されていない生の素材を味わっていただき、次いで解説文を読んでいただくことで、著者がなぜこの文章を引用したのかが浮かび上がるようにしたつもりである。

人物の生没年など年の表記は原則として西暦で統一したが、日本で旧暦が使われた明治5(1872)年以前は元号を優先させた。また人物の漢字表記や平仮名、片仮名表記は原則として引用元のそれに合わせた。引用文の漢字はすべて新字体にし、明らかな誤字は〔〕内に正字を補った。

1月1日から読み始めなければならないわけではない。たまたま開いた頁から読み始めても一向に構わない。歴史の深い闇に埋もれた言葉や、たとえ公表されたときに話題になってもいまや忘却されてしまった言葉の数々を政治というフィルターを通してよみがえらせることができていれば、著者としてはこの上ない喜びである。本書が政治とは何かを考えるための一助になることを心から願っている。

目次

5月

6月

7月

8月

11月

12月

1月

1月1日

阿満利麿（あま・としまろ／1939‐／宗教学者）

天皇は、「現御神（あきつみかみ）」ではなくなっても、日常世界の延長線上に非日常的な存在を保持しておきたいという、現世主義的願望に支えられて、いわば「生き神」（宮田登）であり続けているのである。

『日本精神史』（筑摩書房、2017年）

1946（昭和21）年元日、昭和天皇は詔書により自らを「現御神」とする「架空ナル観念」を否定し、いわゆる人間宣言を行った。だが阿満利麿は言う。大部分の国民は、天皇が「神」だろうが「人間」だろうが、依然として崇拝の対象にしている。それは自分たちの生に究極的な意味を与える存在を、日常世界と同じ時間と空間のなかに求めたいという願望があるからだ。この願望がある限り天皇制はなくならないどころか、天変地異などで自分たちの生が危険にさらされたときほどその崇拝は強まることになる。

1月2日

奥崎謙三（おくざき・けんぞう／1920 - 2005／独立工兵36連隊所属の敗残兵）

私は、自分が日本という国から受けた被害が、天皇の名の下に行なわれた悲惨で残酷な戦争のために死んでいった多くの日本人よりも比較的に少ないことを、無条件に手放しで喜びながら生きていくことができないような気がしました。

『ヤマザキ、天皇を撃て！』（有文社、1980年）

奥崎謙三は、太平洋戦争中にニューギニアでオーストラリア軍の捕虜となったのが幸いして、生死の境をさまようこともないまま終戦を迎えた。だからこそ、生きて帰国することに「何か目に見えない大きな重荷をいっぱい背負わされたような」感じをもった。死んだ戦友のために自分ができることは何か。その答えを追い求めた奥崎は、皇居の新宮殿で初めて一般参賀が行われた1969（昭和44）年1月2日、新宮殿のバルコニーに立つ昭和天皇に向かって、戦友の名を叫びながらパチンコ玉を4発発射した。

1月3日

北村サヨ（きたむら・さよ／1900-1967／天照皇大神宮教教祖）

…紀元二千六百五年を御縁として、人間の崩れた世の中おしまいですよ。来年は紀元元年、神の世じゃや。（中略）満州もいらなきゃあ、朝鮮もいらぬ。樺太もいらなきゃあ、台湾もいらぬ。日本の本土さえあればよい

天照皇大神宮教本部編『生書』（東京文化研究所出版部、1951年）

1945（昭和20）年元日、山口県熊毛（くまげ）郡田布施（たぶせ）町の農婦、北村サヨは自らの胎内にいる「神」が右記のように歌うのを聞いた。「紀元二千六百五年」は神武天皇即位紀元（皇紀）2605年で、1945年のこと。サヨは、天皇がいわゆる人間宣言を行うことになる翌46年を、「天照皇大神宮（てんしょうこうたいじんぐう）のみ世」に戻ったことを意味する「紀元元年」とし、植民地や「満洲国」はすべて放棄するべきだとした。現在でも同教の機関誌では、西暦も元号も用いず、紀元を用いている。

1月4日

福田恆存（ふくだ・つねあり／1912－1994／評論家）

もし当時の軍隊に入って来る人たちが、非常に近代意識に目ざめていて、今の人のように人権蹂躙だとすぐいきり立ったならば、日本の軍隊は日露戦争には勿論勝てなかったし、日清戦争にも勝てなかった。とうの昔に清国やロシアの属国になっていたに違いないのであります。すなわち前近代的な人たちによって近代化が成り立ったとも言えるわけです。

「『近代化』とは何か」（『人間の生き方、ものの考え方』、文春学藝ライブラリー、2019年所収）

1882（明治15）年1月4日、明治天皇は軍人勅諭を下賜した。そこにはおよそ前近代的な文章が綴られている。しかし福田恆存は、逆に日本の軍隊が前近代的だったからこそ、戦争に勝てたと言う。もし個人が近代的な自我に目覚めていたら、あのような軍隊の規律や統率は不可能だった。大多数の兵士は組織生活をしたことがなかったから適応異常は起こしたが、人権蹂躙だといきり立つことはなかった。だからこそ日本は中国やロシアの属国にならず、近代化に成功したというのが福田の見方だった。

1月5日

出口ナオ（でぐち・なお／天保7（1837）－1918）／大本開祖

時節が来たぞよ。時節と云ふものは結構なものの、恐いものであるぞよ。何事も此方から顕はさいでも、我身の方から全然正体を現はして、何処となく飛び歩行て、見るのも厭であるなれど、全部顕はせに、我が我の姿を、田舎まで見せに歩行くのが顕はれるのであるから、「時節ほど結構な恐いものは無い」と申すのであるぞよ。

『大本神諭』火の巻（平凡社東洋文庫、1979年）

『大本神諭』は大本教団の教典の一つで、出口ナオの筆先を養子の王仁三郎が漢字かな交じり文に直したものである。これは1918（大正7）年1月5日（旧暦前年の11月23日）の筆先だが、その直前に大正天皇の后だった貞明皇后が蚕業奨励のため教団の本部があった京都府の綾部を訪れている。皇后の名前は節子であり、「時節」は皇后を指すと見られる。ナオは当時すでに大正天皇に代わる貞明皇后の力を見抜いており、わざわざ単独で綾部までやって来たことに警戒感を示している。

1月6日

松岡きく（まつおか・きく／1905-1994／戦後初の女性谷保村議、次いで国立町議）

昭和二十六年は、ほぼ半年にわたって激しくも厳しい闘争の明け暮れでしたが、この文教都市指定問題をめぐって、婦人が団結するといかに大きな力となるかを学ばされました。まさに岩をもうがつダイナマイト的な威力が発揮されたわけです。

『ちまたにはひかりあふれて』（らむぷ舎、1986年）

東京都北多摩郡谷保（やほ）村は1951（昭和26）年に国立（くにたち）町となり、松岡きくは国立町議になった。前年に勃発した朝鮮戦争に伴い、町内には連れ込み旅館ができるなど、米軍基地があった隣町立川の風紀の乱れが国立にも波及してきた。松岡ら国立に住む女性たちは浄化運動を展開し、反対派との熾烈な闘争を繰り広げながら、52年1月6日に建設省（現・国土交通省）と東京都から文教地区指定を勝ち取った。女性が積極的に参加する国立の政治風土がここから生まれる。

1月7日

中上健次（なかがみ・けんじ／1946-1992／作家）

…私も父も被差別部落民である。私たちは有形無形の差別を被り、目撃し、人権を侵害する事や醜い差別事象に生涯闘い続けるしか生きられないという宿命を刻印されている者らであるが、父に自然の涙を流させる天皇は、また自然のようにこの社会に存在する差別の最初の発信地でもある（以下略）。

「日本の二つの外部」（『中上健次全集』15、集英社、1996年所収）

1989（昭和64）年1月7日、昭和天皇が死去した。中上健次によれば、天皇と被差別部落民は日本社会の二つの「外部」である。ただし天皇は日本という「内部」に自然のように浸透するのに対して、被差別部落民は「内部」からいつでも逸脱できる。中上の父は「天皇崩御」のニュースをテレビで見て涙を流したが、中上はその涙を美しいと思いつつも、それだけでは物足りないと感じた。作家である自分は、「外部」としての自己を自覚し、言葉で対抗すべきと感じたからだ。

1月8日

広末晃敏（ひろすえ・あきとし／1969-／オウム真理教から派生した団体「ひかりの輪」副代表）

それは、1989（昭和64）年1月7日の昼過ぎのことでした。翌日から「平成」になる日のことでした。つまり私は、昭和時代最後のオウム真理教信徒となったわけです。／まだ当時は認識していませんでしたが、天皇崩御によって生じた心の空隙を埋めるために入信した私は、潜在意識下で、天皇の代わりを麻原に求めたのかもしれません。

「私が起こしたオウム事件——オウム・アーレフ18年間の総括」（ひかりの輪ホームページ）

広末晃敏は、オウム真理教に入信した動機として1989（昭和64）年1月7日の昭和天皇の死去を挙げている。昭和天皇を偉大なカリスマとして崇敬していた広末は、翌1月8日から始まった平成の時代に、昭和天皇に代わるカリスマを求めたというのだ。オウム真理教の勢力が拡大していった理由の一端がここにある。天皇を廃して「神聖法皇」になるのが麻原の野望だったと広末は語るが、広末自身を含めてそれを待望する信者がいたこともまた確かだった。

1月9日

川本三郎（かわもと・さぶろう／1944-／作家）

文学だけが挫折した者の小さな低い声に耳をかたむけることが出来る。私が事件のあと文芸評論の道を選んだのもこのことと大きく関わる。ものを書くようになってから生まの政治について語ることは自分に禁じている。その資格はない。生きてゆく場所は文学にしかない。

『マイ・バック・ページ』（平凡社、2010年）

1972（昭和47）年1月9日、朝日ジャーナルの記者だった川本三郎は赤衛軍を名乗る学生が起こした朝霞自衛官殺害事件で証憑湮滅（しょうひょういんめつ）を図った容疑で逮捕され、朝日新聞社を懲戒解雇された。取り調べの席上、川本は自分を守るため、取材で知り得た情報を権力に明かしてしまった。留置場を保釈されてからも、この意識はずっと川本の生き方を束縛し続けた。そんな彼を救ったのは文学だったという。ようやく当時の記憶を語れるようになったのは、事件から10年以上経ってからだった。

1月10日

葦津珍彦（あしづ・うずひこ／1909-1992／神道家・右派の論客）

陛下は、九重の雲高くに在らせられていい。その九重の雲の上から、すべての臣民に対して、陛下の御心の赫々(かっかく)として、はっきりと直通する道を開いていただきたい。御在位六十年を銘記して、この一事を政府ならびに君側の高官に切望する。明治天皇の「汝等、朕と其の憂を共にせよ」とのお言葉が真実となることこそ大切なのだ。

「御在位六十年に際し切望す」（『葦津珍彦全集』第1巻、神社新報社、1996年所収）

1985（昭和60）年1月10日、歌会始で昭和天皇の和歌が発表されたが、天皇が何を考えているかは必ずしも明瞭でなかった。これが明治だったら、和歌ばかりか詔勅も多かったから、天皇の「御心」が国民に通じていた。こう考える葦津珍彦は、昭和天皇の在位60年を前に詔勅の復活を求めた。確かに終戦時には詔勅を通して国民に直接憂念を示したが、戦後はそれがなく、明治時代よりもかえって皇室は閉じてしまった。平成期に始まった天皇のビデオメッセージは、葦津の言う詔勅に当たるのだろうか。

1月11日

石川達三（いしかわ・たつぞう／1905－1985／作家）

華やかな和服を着た若い芸者が一人、炭火を持ち酒を捧げ下駄を鳴らしながら入って来た。扉の暗がりに立った女の姿と化粧した白い顔とを見たとき、近藤は明らかに幽霊だと思った。このような女がこの壊滅の死都に居るとは信じられなかった。その印象は平尾にも笠原にも同じであった。こういう場合、着飾った女というものは、一種不気味な恐ろしいものでさえもあった。

『生きている兵隊（伏字復元版）』（中公文庫、1999年）

石川達三は日中戦争で南京が陥落した直後の1938（昭和13）年1月に南京に入り、小説『生きている兵隊』を書いた。近藤と平尾は一等兵。笠原は伍長。彼らは中国人女性を殺害したあと日本人の若い芸者に遭遇した。その着飾った恰好は「死都」と化した南京では場違いであり、軍隊の残虐行為との対照を浮かび上がらせた。この若い芸者は近藤に殺されるが、それは「女を殺したくなった」という近藤に対して、「女は非戦闘員でしょう。それを殺すなんて日本の軍人らしくないわ」と答えたからだった。

1月12日

伊藤博文（いとう・ひろぶみ／1841-1909／初代首相・立憲政友会総裁）

…固（もと）より国民としては一個人は一個人の考えあらん。然れども此統監は個々人々の意見に耳を傾くるものにあらず。本統監は今赤心を披（ひら）きて諸君が　韓皇陛下の聖旨に服従せんことを勧告したり。韓国人なるもの須（すべか）らく全国を挙て其方向を一変するに努めざる可らず。諸君中単独に日本に抵抗せんと欲するあらば来り試みよ。

「郡守両班儒生に訓示」（瀧井一博編『伊藤博文演説集』、講談社学術文庫、2011年所収）

併合の前年に当たる1909（明治42）年1月、韓国統監の伊藤博文は大韓帝国2代皇帝隆熙帝（ユンヒ）（純宗（スンジョン））の巡幸に同行し、1月12日に大邱（テグ）で韓国人に向かって演説した。皇帝の巡幸の目的は、統監政治に対する不信感を抱いている彼らに対して、皇帝の「聖旨」に従って協力するよう求めることにあった。だが彼らは、その「聖旨」が皇帝自身から発せられたわけではないことを見抜いていた。「単独に日本に抵抗せんと欲するあらば来り試みよ」と言い放った伊藤はこの年、ハルビンで安重根（アンジュングン）に暗殺された。

1月13日

熊沢蕃山（くまざわ・ばんざん／元和５（１６１９）-元禄４（１６９１）／陽明学者）

日本の太神宮御治世の其むかし、神聖の徳あつく、よく天下を以て子とし給ひ、下民にちかくおはしましたること、尭舜のごとくなりし、其遺風なり。後世の手本として、茅葺の宮殿の残り給ふも、同じ理にて候。

「集義和書」（『日本思想大系30　熊沢蕃山』、岩波書店、１９７１年所収）

熊沢蕃山は、「太神宮」すなわち伊勢神宮の内宮の祭神であるアマテラスを「帝」と見なし、その「治世」を中国古代の聖人である尭や舜に匹敵する徳をもって統治する理想の時代だったとした。「後世の手本」とすべきその面影は、内宮の「茅葺の宮殿」にいまなお残っているという。もし1946（昭和21）年1月13日に昭和天皇が「伊勢神宮は軍の神にはあらず平和の神なり。しかるに戦勝祈願をしたり何かしたので御怒りになったのではないか」と述べた言葉を蕃山が聞いたら、何と言っただろうか。

1月14日

矢部貞治（やべ・ていじ／1902-1967／政治学者）

一月四日の指令には殿下も該当されるかと質問したら、軍人といふことと、軍令部幕僚といふことと双方から来るからとの事で、但し特例は認めるさうだからなどゝいふことであった。若し殿下が駄目ならどなたかといふことで殿下は直ぐ六法全書を出され、結局皇太后陛下だといふことで一致した。

『矢部貞治日記』欅の巻（読売新聞社、1974年）

1946（昭和21）年1月14日、矢部貞治と「殿下」すなわち高松宮宣仁（のぶひと）が面会した。「一月四日の指令」はGHQが出した公職追放に関する指令を意味する。公職追放の対象には「陸海軍の職業軍人」が含まれる。高松宮は海軍軍人であっても「特例」に当たると考えていた。だから昭和天皇が退位した場合には自分が摂政になることを考えていたが、公職追放の対象になれば摂政にはなれない。その場合には昭和天皇や高松宮の母に当たる皇太后（貞明皇后）が摂政になるという認識で両者は一致していた。

1月15日

出口王仁三郎（でぐち・おにさぶろう／明治4（1871）－1948）

／出口ナオと並ぶ大本教祖

三五教（あななひ）の教にも女の御世継が良いと示されてあるではないか。女の世継としておけば、腹から腹へ伝はつて行くのだから、其（その）血統に少しも間違ひはない。若し男子の世継とすれば、一方の妻の方に於て、夫に知らさず第二の夫を拵（こしら）へてゐた場合、其生れた子は何方（どちら）の子か分らぬやうになつて来る。それだから却て女の方が確実だ（以下略）

『霊界物語』第69巻（愛善世界社、2009年）

1924（大正13）年1月15日から、出口王仁三郎は松山で教典『霊界物語』第69巻の口述を始めた。「三五教」は大本自身を指す。出口なおから娘のすみへと、教主は女性が継いでいる。皇室典範で男系男子のみが皇位継承権をもつとされた天皇制とは対照的である。前年末に起こった虎ノ門事件では、皇太子裕仁が狙撃されたのは難波（なんば）大助の婚約者を裕仁が寝取ったからだという噂が全国に広まった。王仁三郎はこの噂を意識し、「万世一系」イデオロギーの危うさを衝いているようにも見える。

1月16日

井上毅（いのうえ・こわし／天保14（1844）-1895／官僚・政治家・文部大臣）

…我カ国ノ女帝即位ノ例ハ初メハ摂政ニ起因セシ者ニシテ皆一時ノ臨朝ニシテ、ヤガテ御位ヲ他ノ皇太子又ハ皇太弟ニ譲リ玉フ御事ナレハナルヘクハ初メノ神功摂政ノ御趣意ニ復シタキモノナリ故ニ故サラニ掲載セザル方、マシナルカ如シ況ンヤ更ニ此レヲ推広メテ一変シテ女系易レ姓ノ事ニ迄及フヲヤ

「謹具意見」（『日本立法資料全集16　明治皇室典範　上』、信山社出版、1996年所収）

1886（明治19）年に宮内省が立案した旧皇室典範の最初の試案「第一稿皇室制規」では、男系の皇位継承を原則としながら、男系が絶えたときには女系の天皇を認めていた。しかし井上毅はこの条文を批判し、男系男子による皇位継承を主張する。これまでの女帝はすべて「一時ノ臨朝」であり、神功皇后が応神天皇の摂政だった最初の事例に立ち返るなら女帝を認めるべきでなく、まして女系の天皇を認めるべきではないとする。井上のこの意見は、旧皇室典範だけでなく、1947（昭和22）年1月16日に公布された現皇室典範にも反映されている。

1月17日

田中康夫（たなか・やすお／1956－／作家、長野県知事、新党日本代表）

初老の男性が「私は電気関係の技師だったので、漏電チェックに全戸を回りましょう」と申し出たのをきっかけに次々と手が挙がった。場違いとも思えるほどに夜っぽい服を着て一人で坐っていた女性も「私は保母の経験があるので、お子さん達の遊び相手になります」と立候補した。

『神戸震災日記』（新潮社、1996年）

1995（平成7）年1月17日、阪神・淡路大震災が起こった。田中康夫はすぐに大阪から原付バイクに乗り、神戸に向かったが、六甲アイランドのマンションに住んでいた友人から聞いたのがこの話だった。マンション住民の緊急集会で、ふだんは会話すら交わしたことのない住民が次々とボランティアを申し出た。米国のレベッカ・ソルニットは、大災害が発生すると、人々の善意が呼び覚まされ、一時的に「災害ユートピア」と呼ばれる理想的なコミュニティが発生すると述べた。田中が聞いたのは、まさにこれだったのだ。

1月18日

埴谷雄高

（はにや・ゆたか／1909－1997／評論家、小説家）

…テレヴィの前に坐りきりになつている「その日だけ熱心な弥次馬」である私が画面のなかの学生達に対して懐いている心情的応援の気分は、この場合、「正常化」なるものを数段階につみ重ねた形式としてしか取扱わず、「学生を人間と思つていない」大学の執行部に、心理的にいわゆる挫折なるものを手ひどく味わせてみたいという別な感情によつても支えられていたのであつた。

「象徴のなかの時計台」（『埴谷雄高作品集』3、河出書房新社、1971年所収）

1969（昭和44）年1月18日、東大構内を封鎖していた全共闘と新左翼セクトが安田講堂に立てこもり、東大当局の要請を受けて構内に入った警視庁機動隊と対峙した。その模様はテレビを通して生中継された。ふだん断片的にしかテレビを見ない埴谷雄高は、初めて終日釘づけになった。埴谷の目には、東大当局のやり方は「書類の上の手続き処理だけに専念して眼前にある『何かの物体』を人間と認めぬソヴェト官僚」と同じに映った。18日中に機動隊が制圧できなかったことを知った埴谷は祝杯をあげた。

1月19日

加藤周一（かとう・しゅういち／1919－2008／評論家）

政治的意見の理由づけを綿密にしようとすれば、文章がながくなるばかりでなく、常に必ずしも、粗雑なたとえ話のように、おもしろおかしいというわけにはゆかない。そういう文章の読者は少い。しかし話をあまりに簡略化すれば、議論の不正確になることを避け難い。政治的な意見を世間に向って有効に提出するためには、意見を同じくする人々の間に、適当な分業が必要であろう。

『続 羊の歌』（岩波新書、1968年）

1960（昭和35）年1月19日、米国の首都ワシントンで新安保条約が調印された。加藤周一は、条約の破棄が望ましいと考え、安保改定に賛成する人たちと意見を戦わせた。反対する理由を正確に述べようとすれば、それだけ話が長くなり、面白みもなくなる。しかし逆に簡略にしすぎると、わかりやすくなるだけアピールは増すが、議論は不正確になる。多くの国民を味方につけるためにはどちらも必要で、反対派のなかで役割を決めておかねばならない。これは現代の野党共闘などでも有効な戦略ではなかろうか。

1月20日

貞明皇后（ていめいこうごう／節子／1884-1951／大正天皇皇后）

…時局何ントシテモヨイト思ヘヌ、宮内省ニ人ナク何ニモサセヌカラ歌ニヨンデ神様ニ願ツテバカリオルガ、ドウカシテ予告ナドセズホントニ働イテヰル人々ノ処ニスート行ツテ一言デモ言葉ヲカケタラト思フ、今ナラソレガ効果アルト考ヘルガ、先キニハソレモ意味ナイコトニナルデアラウ。（中略）ドンナニ人ガ死ンデモ最後マデ生キテ神様ニ祈ル心デアル云々。

高松宮宣仁親王『高松宮日記』第8巻（中央公論社、1997年）

東京で空襲が激しくなりつつあった1945（昭和20）年1月18日、高松宮妃喜久子が大宮御所で皇太后節子（貞明皇后）から聞いた言葉。皇太后は、こんなときだからこそお忍びで外出し、国のために働く人々を直接激励したいと考えたが、それができないから和歌を詠んで「神様」に戦勝を祈っていること、どんなに人が死のうと、自分は最後まで生きて祈り続けることを語っている。この言葉を20日に聞いた高松宮は驚き、宮内大臣や宮内次官らを呼んでいる。

1月21日

プラトン（紀元前427-紀元前347／古代ギリシアの哲学者）

「…国の守護の任に向いている女もあれば、そうでない女もあるということになる。いやむしろ、これは、われわれが男たちについても、守護者たちを選び出すにあたって、そのもつべき自然的素質として念頭に置いたものではなかったかね？」（中略）「したがって、国家を守護するという任務に必要な自然的素質そのものは、女のそれも男のそれも同じであるということになる。（後略）」

『国家』上（藤沢令夫訳、岩波文庫、2008年）

いずれもプラトンの師、ソクラテスの発言。ソクラテスは、男性と女性という単純な二分法をとらない。男性のなかには政治家としてふさわしい素質をもった人とそうでない人がいるが、それは女性も全く同じである。男性だけがそうした素質をもっているとは言えない。プラトンはソクラテスの言葉を通して、ジェンダーの平等を唱えている。これがプラトンの弟子のアリストテレス以降になると、男性が女性を支配するのは当然という考え方に変わってしまう。

1月22日

アリストテレス（紀元前384‐紀元前322／古代ギリシアの哲学者）

…女性に対する男性の関係であるが、自然によって男性は勝り、女性は劣るからして、前者は支配する者、後者は支配される者である。そしてこの同じ関係がすべての人間に当てはまらなければならない。

『政治学』（牛田徳子訳、京都大学学術出版会、2001年）

アリストテレスは、一方で人間と動物を分け、「人間だけが言葉をもつ」として動物に対する人間の優位を説きながら、他方で同じ人間のなかで男性と女性を分け、生まれながらにして男性のほうがすぐれているから女性を支配するのも当然だとする。男性だけが政治の主体となるのであり、女性は奴隷同様、家内労働に従事する。この考え方が長きにわたり、西洋でも支配的だったことは言うまでもない。

1月23日

大久保利通（おおくぼ・としみち／文政13（1830）－1878／政治家、初代内務卿）

…竜顔ハ拝シ難キモノト思ヒ、玉体ハ寸地ヲ踏玉ハザルモノト余リニ推尊奉リテ、自ラ分外ニ尊大高貴ナルモノ、様ニ思食（おぼしめ）サセラレ、終（つい）ニ上下隔絶シテ其（その）形今日ノ弊習トナリシモノナリ。

「大坂遷都建白書」（『日本近代思想大系2　天皇と華族』、岩波書店、1988年所収）

明治元（1868）年1月23日に出され、朝議に付された建白書の一節。「竜顔」は天子の顔。大久保利通は言う。維新の実をあげるためには、天皇を一般民衆から隔絶させ、あたかも神のごとく雲上人に祭り上げてきたこれまでの悪しき風習を抜本的に改めなくてはならない。天皇を御所に閉じ込めるのではなく、日本国中を回って万民を直接慈しむようにすることこそ、君主の道にかなうものだ。大久保の進言は、明治、大正、昭和を経て、平成の時代に最も徹底して天皇自身が実践することになる。

1月24日

竹内好（たけうち・よしみ／1910-1977／評論家）

…大陸や南方の島に苦労を共にした戦友われら　そのあるものは不幸にして中道に倒れたが　幸運に生き残ったものがその志をつぎ　相たずさえて祖国再建にいそしみ　ここに平和と繁栄の道を確定し得て　今日改めて過ぎし日を追憶し　亡き友の冥福を祈り　われらが志の徒労でなかった喜びを後代に伝えんがために　世界人類の永世平和を祈念して　産土（うぶすな）の社の地にこの記念の碑を建てる

『転形期』（創樹社、1974年）

1963（昭和38）年1月24日、竹内好は兵隊時代に同じ部屋にいたかつての曹長から、氏神の境内に建てようとしている「大東亜戦争」の記念碑に記す文章の依頼を受けた。その文章の一節だ。記念碑は「黎明の碑」と命名され、集落から出征した戦没者と生存者の名が刻まれた。前者だけを英霊として称え、「大東亜戦争」を正しい戦争だったとする靖国神社の歴史観とは一線を画している。3月3日に除幕式が行われたことを知った竹内は、「私もうれしかった」と記している。

1月25日

大岡昇平（おおおか・しょうへい／1909－1988／作家）

我々にとって戦場には別に新しいものはなかったが、収容所にはたしかに新しいものがあった。第一周囲には柵（さく）があり中にはPXがあった。戦場から我々には何も残らなかったが、俘虜生活からは確かに残ったものがある。そのものは時々私に囁（ささや）く。「お前は今でも俘虜ではないか」と。

『俘虜記』（新潮文庫、2010年）

1945（昭和20）年1月25日にフィリピンのミンドロ島で米軍の俘虜となった大岡昇平は、レイテ島収容所に送られ、11月までここで過ごした。それは大岡が、清潔な住居と十分な食糧が供給され、PX（米軍の売店）が利用できる生活、つまり米軍兵士と対等の生活を送ったことを意味する。皮肉にも俘虜になったことで、同時代の日本国内では到底あり得ない生活を送れたのだ。米軍の圧倒的な物資は、帝国軍人の精神論を粉砕したばかりか、戦後日本の親米感情の基層をなした。

1月26日

鄭香均（チョン・ヒャンギュン／1950-2019／在日韓国人2世の保健師）

わたしは自分を在日朝鮮人だといいます。日本国籍を取らないのは、差別の痛みに気づかないでいてしまう自分があるから。差別は相対的なもので、障がい者と向き合えば、わたしは加害者側なわけでしょ。痛みを分かち合いたいから差別される側にいたいと思っています。それと植民地支配の結果としての在日がすべき残された闘いがあるからです。

「痛みを分かち合いたいから差別される側に」（小熊英二他編『在日二世の記憶』、集英社新書、2016年所収）

鄭香均は外国籍の保健師として初めて東京都に採用されたが、東京都の管理職試験に応募した際、外国人は管理職になれないという理由で受験を拒否された。これを不当として提訴するも、2005（平成17）年1月26日、最高裁で請求を棄却された。鄭はここにれっきとした差別を感じるが、同時に自分たちだけが差別されているわけではないとも感じる。権力同様、差別もまた実体ではなく、関係としてとらえる思考がここにある。

1月27日

吉野作造（よしの・さくぞう／1878-1933／政治学者）

…所謂憲政の運用が理想的に行はれて居ない国に於ては、婦人の地位を保護する意味で、参政権を暫く与へぬといふ制度に矢張り一つの道徳的意義を認めない訳には行かない。それでも政界の現状は何時までも停滞はして居ない。段々良くなる傾向にあるから、之に伴つて婦人の参政権を漸進的に認めるのが、実際上便宜ではあるまいか。

「普通選挙と婦人参政権」（『吉野作造博士　民主主義論集　第2巻　民主主義政治講話』、新紀元社、1947年所収）

普通選挙法が公布される前年の1924（大正13）年1月、吉野作造は女性が参政権をもつことを時期尚早とする持論を述べた。現在は政治の質があまりに低く、道徳的品格を犠牲にしなければならない。婦人参政権はそれが改善された段階で認めればよいと言うのだ。100年が経った現在、「政界の現状」は果たして良くなったのか。もし良くなっていなければ、いまなお時期尚早ということになりはしないか。

1月28日

マックス・ヴェーバー（1864-1920／ドイツの経済学者、社会学者）

…突然、信条倫理家が輩出して、「愚かで卑俗なのは世間であって私ではない。こうなった責任は私にではなく他人にある。私は彼らのために働き、彼らの愚かさ、卑俗さを根絶するであろう」という合い言葉をわがもの顔に振り回す場合、私ははっきり申し上げる。――まずもって私はこの信条倫理の背後にあるものの内容的な重みを問題にするね。

『職業としての政治』（脇圭平訳、岩波文庫、2020年。傍点原文）

第一次世界大戦に敗れたドイツで革命が勃発した最中の1919年1月28日、マックス・ヴェーバーがミュンヘンの学生団体のために行った講演の一節。信条倫理家は自分の負っている責任を感じず、ロマンチックな感動に酔いしれるほら吹きだ。成熟した人間ならば、結果に対する責任を痛切に感じ、責任倫理に従って行動するだろう。こう述べたヴェーバーは、信条倫理家が陥りやすい興奮ではなく情熱と判断力をもち、同時に責任感をもつことを政治家の資質として求めている。

1月29日

藤原道長（ふじわらの・みちなが／康保3（966）-万寿4（1028）／平安時代の公卿・摂政・太政大臣）

…御即位。巳時(みのとき)、行幸常のごとし。太后同輿(どうよ)す。礼服を着さざる上卿供奉(ぐぶ)す。（中略）未一刻礼服を着す。二点高御座(たかみくら)に御す。（中略）太后又高御座に御す。

山中裕編『御堂関白記全註釈　長和五年』（思文閣出版、2009年）

原文は漢文。長和5（1016）年1月29日、三条天皇の譲位に伴い、幼帝・後一条天皇が即位した。後一条の摂政になった藤原道長は、2月7日の日記『御堂関白記』で、娘の彰子(しょうし)を母とする後一条の即位式の模様を詳細に記している。即位式には皇太后となる彰子が付き添い、随行する公卿たちは式そのものに参列しないため礼服を着ていない。彰子は後一条とともに高御座にも登っている。天皇の母親が後見として君臨し、さらにその父親が2人の「即位」を見守っているわけだ。ここに摂関政治の縮図がある。

1月30日

カール・シュミット（1888－1985／ドイツの公法学者）

あらゆる現実の民主主義は、平等のものが平等に取扱われるというだけではなく、その避くべからざる帰結として、平等でないものは平等には取扱われないということに立脚している。すなわち、民主主義の本質をなすものは、第一に、同質性ということであり、第二に──必要な場合には──異質的なものの排除ないし絶滅ということである。

『現代議会主義の精神史的地位』（稲葉素之訳、みすず書房、2013年）

カール・シュミットは、自由主義と民主主義を区別した。自由主義の本質は討論にあり、議会主義と結びつく。しかし現実の議会が討論の機関たりえないなら、民主主義にもとづいて国民からの支持を受けた指導者が必要になる。独裁は民主主義の対立物ではないのだ。1933年1月30日にヒトラーが首相となり政権を掌握すると、ナチスは独裁を正当化するべく、シュミットの思想を積極的に利用することになる。

1月31日

中曽根康弘（なかそね・やすひろ／1918-2019／第71-73代内閣総理大臣）

…政権が汚辱で倒れても、日本には超越的存在としての天皇がおられます。俗界の飛沫は天皇には及ばない。否、及ぼさせてはならないのです。この二重構造によって、日本の伝統と民主主義との調和があり、求心力と遠心力の均衡、いわば歴史的知恵の作用で、日本の自由民主主義は維持されていることを認識すべきなのです。

『自省録』（新潮文庫、2017年）

1952（昭和27）年1月31日、中曽根康弘は衆議院予算委員会で首相の吉田茂に昭和天皇の退位につき質問した。天皇が退位すれば天皇制の道徳的基礎が強まるとしたのだが、後年になって昭和天皇に接するにつれ、この質問は必要なかったと感じるようになる。新型コロナウイルスの感染が広まった時期に改めてこの文章を読むと、「俗界の飛沫は天皇には及ばない。否、及ぼさせてはならないのです」という言葉が、中曽根自身の意図を超えて生々しく迫ってくる。

2
月

2月1日

徳冨蘆花（とくとみ・ろか／明治元（1868）-1927／作家）

…もし皇太子殿下が皇后陛下の御実子であったなら、陛下は御考があったかも知れぬ。皇后陛下は実に聡明恐れ入った御方である。「浅しとてせけばあふるゝ川水の心や民の心なるらむ」。陛下の御歌は実に為政者の金誡（きんかい）である。（中略）もし政府が神経質で依怙地（いこじ）になって社会主義者を堰（せ）かなかったならば、今度の事件も無かったであろう。

「謀叛論」（『近代日本思想大系32　明治思想集Ⅲ』、筑摩書房、1990年所収）

「今度の事件」は大逆事件。幸徳秋水らが処刑された直後の1911（明治44）年2月1日、徳冨蘆花は第一高等学校の演壇に立ち、政府の姿勢を批判した。そして「民を治むるは水を治むるがごとし」と題して和歌を詠んだ皇后美子（はるこ）（昭憲皇太后）の為政者としての資質を高く評価し、もし美子が側室から生まれた皇太子嘉仁（よしひと）（後の大正天皇）の実母だったら、宮中の発言力も強まり、政府が暴走することもなかったとした。不敬と非難されたこの演説は、明治天皇を暗に批判しているようにも読み取れる。

2月2日

深沢七郎（ふかざわ・しちろう／1914-1987／作家）

…皇居〔前〕広場は人の波で埋っているのだが、私のバスはその中をすーっと進んで行って、（中略）その横で皇太子殿下と美智子妃殿下が仰向けに寝かされていて、いま、殺られるところなのである。（中略）そうしてマサキリはさーっと振り下ろされて、皇太子殿下の首はスッテンコロコロコロと音がして、ずーッと向うまで転がっていった。

「風流夢譚」（『中央公論』1960年12月号所収）

深沢七郎の小説の一節。主人公が都心で革命が起こった夢を見る。天皇、皇后と、結婚したばかりの皇太子夫妻が皇居前広場で処刑される。首がはねられ、首のない胴体が広場に集まった人々の見物にさらされる。宮内庁は、この描写が露骨すぎるとして法務省に検討を要請した。1961（昭和36）年2月1日には、中央公論社の社長宅が少年に襲撃され、2日に少年が出頭した。6日の新聞各紙には社長名による「社告　お詫び」が掲載された。これ以降、天皇に関する文章を自主規制する「菊タブー」が強まった。

2月3日

加藤典洋（かとう・のりひろ／1948－2019／文芸評論家）

…第二次大戦の終結時、多くの人が（中略）もう戦争などこりごりだと思っていた。ですから、そこからは、当然、無残な戦争体験に裏打ちされた、自前の平和の思想が生まれてきたはずです。（中略）その本来生まれていたはずの思想が、憲法9条という上から与えられた「平和条項」に吸い上げられ、取りこまれてしまうことで、私たち日本人の平和に対する考え方は、鋳型にはめられた、ひ弱なものになったのではないだろうかと、思ったのです。

『9条入門』（創元社、2019年）

加藤典洋は憲法9条を尊重すべきとしつつ、弱点も見据える必要があると言う。それはこの条文が自力で作ったものではないことだ。条文の起源をたどれば、1946（昭和21）年2月3日にマッカーサーが総司令部に憲法草案を起草させるにあたり、三原則の一つとして戦争放棄を入れたことに行き着く。この弱点を認めず、有り難がるだけで批判を拒んできたのが護憲派の姿勢だった。戦争体験に根差した自前の思想を構築できず、9条に「取りこまれてしま」った戦後の平和思想は、結果として9条に「負けた」のだ。

2月4日

麻原彰晃（あさはら・しょうこう／1955-2018／オウム真理教教祖）

あなた方が二〇〇〇年まで、もし生き続けることができるならば、今の日本をきっと懐かしむであろう。それはこの日本に残るもの、それは焼け野原だからである。しかし、その日本を作っているのはだれか、それはここにいるあなた方であり、あるいはまだ真理に目覚めることのできない日本人なのである。

『日出づる国、災い近し』（オウム、1995年）

1994（平成6）年3月11日、オウム真理教仙台支部で麻原彰晃はこう述べた。それから17年後の同じ日、東日本大震災が起こり、仙台にも津波が押し寄せた。もしこのときオウム真理教が生き残っていたら、麻原は2000年までに起こるとした予言は外れたが、日付と場所は震災を予言していたと言っただろう。そして「焼け野原」は原発事故後の日本を意味したとして、予言の正しさを強調したに違いない。だが実際に2000年2月4日に起こったのは、破算に伴うオウム真理教自体の消滅だった。

2月5日

大西巨人（おおにし・きょじん／1916－2014／作家）

古兵殿。睾丸（こうがん）は袴下（こした）の左側に入れるほうがよい、という規則は、『被服手入保存法』にあります。第三章「著装」第二節「著方」二「袴下」、「(ニ)睾丸ハ左方ニ容（イ）ルルヲ可トス。」――しかしそこには、理由説明は全然ありません。

『神聖喜劇』第2巻（光文社文庫、2002年）

長崎県対馬の重砲兵連隊に配属された陸軍二等兵・東堂太郎は、1942（昭和17）年2月5日、同じ内務班の「古兵」村崎宗平一等兵に、「軍人が睾丸を袴下の左側に入れる」理由について尋ねた。しかし、班長の大前田文七軍曹を含む全員がわからなかった。『神聖喜劇』は小説だが、「被服手入保存法」は陸軍が実際に定めた規則にほかならない。大西巨人は、博覧強記の東堂の台詞を通して、軍隊という不条理な世界を浮かび上がらせている。

2月6日

長谷川如是閑（はせがわ・にょぜかん／1875－1969／ジャーナリスト）

とにかくトラファルガー・スクェアーほど異説紛紛、議論囂々（ごうごう）たる所はない。従って——という訳でもあるまいが、政治的示威（じい）運動は能（よ）くこの広場で行われた。がそれには狭過ぎるので警察が八箇間敷（やかまし）くいって今ではハイド・パークで行う事になり此処（ここ）では時々女選挙権者（おんなせんきよけんしや）の示威運動がある位なものだ。

『倫敦（ロンドン）！ 倫敦？』（岩波文庫、1996年）

1910（明治43）年に大阪朝日新聞社の特派員としてロンドンに滞在した長谷川如是閑は、トラファルガー広場で女性たちが選挙権を求めて運動しているのを見て、「碌（ろく）でもない政治運動に狂奔する女どもが、無数に集って、塔の下でワイワイガヤガヤ揉み合って」いると感じた。ここには英国と日本の政治空間の違いや、女性の政治参加に対する当時の日本人男性のまなざしが鮮やかに浮き出ている。英国では18年2月6日に国民投票法が成立し、日本より30年近くも早く女性参政権が認められた。

2月7日

賀川豊彦（かがわ・とよひこ／1888-1960／キリスト教社会運動家）

実際に於て、人にさせたり、金でする社会事業によき社会事業はございません。（中略）我が皇室に於かれましても、かくの如く御自ら、挺身して労働者、農民、漁民及び貧しき者を救ふ為に、物資をお考へにならないで、社会に御奉仕せられんことを希望する次第でございます。

「日本に於ける社会事業の現在及将来」（『賀川豊彦全集』第24巻、キリスト新聞社、1964年所収）

1947（昭和22）年2月7日、賀川豊彦は宮中に参内し、昭和天皇と香淳皇后に社会事業につき進講した。賀川は、英国のジョージ6世の伯母が自ら「細民街」に身を投じた例を挙げつつ、日本の皇室もまた単に「御下賜金」を与えるのではなく、恵まれない人々に寄り添うような社会事業をすべきだとした。翌48年以降、天皇が皇后とともに都内の複数の社会福祉施設を毎年訪れるようになるのは、賀川からの影響があったのかもしれない。

2月8日

梁啓超（りょう・けいちょう／1873-1929／中国のジャーナリスト）

競争が激しければ激しいほど、進歩も速い。欧米各国の政治の変遷の大勢は、おおむねこれに由来する。このため、それが公のためではなく、私のためであったとしても、国民に大きな恩恵をもたらすのである。専制の国では、一、二の聖君賢相がいて、私を犠牲にして公に尽くし、国民全体のために利益をはかったとしても、国の大きさからして力が及ばず（中略）、その恩沢が本当にあまねく行き渡ることは稀にしかない。

『新民説』（高嶋航訳注、平凡社東洋文庫、2014年）

梁啓超は日本亡命後の1902（明治35）年2月8日から『新民叢報』に「新民説」を連載し、立憲制や議会制を導入することのメリットを説いた。中国では専制が長く続き、進歩がない。だが欧米では議会に複数の政党が存在し、互いに競争することで「群治」が進歩している。同じく日本に亡命しながら、梁啓超は章炳麟（しょうへいりん）とは対照的に専制の弊害を説く一方、西洋にならって憲法や議会制度を取り入れた日本のように、中国も近代化を図らなければならないとした。

2月9日

小沼正（おぬま・しょう／1911-1978／国家主義者）

三人が、通用門を二、三歩はいったとき、三人の真ん中の井上準之助の背後に、ほとんど身をすり着けるように近よりざま、私はふところからピストルを握った右手を出した。右腰に押し当てると「南無妙法蓮華経……」と、心でとなえながら、引き金に指をかけた。ぐっと握った一瞬、銃口からパッと火が吹いた。ダーン、ダーン、ダーン。三発つづけざまに鳴った。

『一殺多生』（読売新聞社、1974年）

1932（昭和7）年2月9日、政見発表演説会が開かれる東京・本郷の駒本小学校に向かった立憲民政党の前蔵相、井上準之助は、通用門の近くで小沼正に暗殺された。小沼は、要人一人を殺すことでその他の国民を救うことができるという日蓮宗信者の井上日召の思想に共鳴し、日召率いる血盟団の一員として暗殺を決行した。テロリストが標的とする人物をまさに狙撃する瞬間を回想した稀有な記述といえる。

2月10日

ルイス・フロイス（1532－1597／イエズス会の宣教師）

…日本においては、関白がどんなに教会と司祭たちを庇護しているかが判り出すと、我らの修道院へは大勢の人が訪れて来るようになり、説教の聴聞者が増加し、多数の聴衆を十分納得させるためには、時として四人の説教者がおのおの修道院内の別の場所で応対せねばならぬほどであった。

『完訳フロイス日本史4　豊臣秀吉篇Ⅰ』（松田毅一、川崎桃太訳、中公文庫、2000年）

「関白」は豊臣秀吉。秀吉は天正14（1586）年2月、突然大坂（現・大阪）の教会を訪れた。ルイス・フロイスは、国家権力の頂点に立った秀吉が宣教師を厚くもてなすことで、キリスト教に対する世間の信用が高まることを発見した。つまり一般の人々がキリスト教に関心をもつのは、信仰をもちたいからではなく、権力者の態度にただ従っているだけなのだ。秀吉自身もキリシタンになるつもりはなく、宣教師を政治的に利用しているだけであることを、フロイスはよく認識していた。

2月11日

藤田東湖（ふじた・とうこ／文化3（1806）-安政2（1855）／水戸学者）

…鴻荒の時、邪神、中国に充満して、大国主神尤も強大なり。天祖嘗て天穂日・天若日子を遣してこれを招撫したまふ。しかるに皆大国主神に弐して、また反命せず。建御雷神、詔を奉じて下土を平ぐるに及び、大国主神敢へて命に抗せず。国を献じて遠く逃る。その他の邪神もことごとく皆駆除せられ、中国始めて定れり。

藤田東湖「弘道館記述義」（『日本思想大系53　水戸学』、岩波書店、1973年所収）

原文は漢文。「鴻荒」は太古、「中国」は日本、「天祖」はアマテラス、「弐して」は裏切って。水戸学の歴史観を端的に言い表した一節。国ができる前には邪神がはびこっていた。中でも一番強かったのはオオクニヌシ（大国主神）だった。アマテラスは邪神の平定に手こずったが、タケミカヅチ（建御雷神）を遣わすとオオクニヌシは抵抗せずに逃げた。これでようやく抵抗勢力がいなくなり、建国の基礎が固まったのだ。明治から敗戦直後まであった「紀元節」、すなわち現在の「建国記念の日」は、この歴史観に基づいている。

2月12日

宋慶齢（そう・けいれい／1893－1981／中華民国初代臨時大総統・孫文の妻）

今までの女子教育の目的は、良妻賢母をつくることにありました。現在、私たちは女子の社会における責任というものを知っております。女性はただ家庭にあって良妻賢母となるだけでなく、同時にまた国家のために、国民革命を進めるりっぱな婦人とならなければなりません。

「婦人は国民革命に参加しなければならない」（『宋慶齢選集』、仁木ふみ子訳、ドメス出版、1979年所収）

宋慶齢が1927（民国16）年2月12日に中国国民党婦人政治訓練学校の開校式で話した挨拶文の一節。25年に孫文が「革命いまだ成らず」という遺言を残して死去すると、宋慶齢は婦人解放もまた国民革命の一部と見なし、従来の良妻賢母教育を批判した。中国の王朝では、皇帝が在位している間は皇后の権力は無に等しいが、皇帝が死去するやその権力が皇后に譲り渡された。同様の現象は、孫文亡き後の宋慶齢にも起こったのではないか。同時代の日本と比較すると興味深い。

2月13日

パスカル（1623-1662／フランスの哲学者）

壮麗な宮殿の中にいて、四万の親衛兵にとりまかれているトルコ皇帝を、ただの人間だと思うためには、よほど澄みきった理性を持つ必要があろう。

『パンセ』（前田陽一、由木康訳、中公文庫、2018年）

皇帝は法官のように扮装しなくても、親衛兵にとりかこまれているだけで、権力をもっていることを誇示できる。その皇帝をただの人間と思うことは、法官以上に困難である。文久3（1863）年2月13日、将軍徳川家茂（いえもち）の一行は、江戸城を出て229年ぶりに京都に向かった。その途上で初めて将軍は駕籠（かご）から降りて生身の姿をさらしたが、各地では「拝ミ人」が殺到した。トルコ皇帝同様、二重の濠に囲まれた巨大な城にいる将軍もまた「ただの人間」ではなかったのだ。

2月14日

近衛文麿（このえ・ふみまろ／1891－1945／第34・38・39代首相、大政翼賛会初代総裁）

敗戦は我国体の瑕瑾（かきん）たるべきも、英米の輿論（よろん）は今日までのところ、国体の変更とまでは進み居らず（中略）、随（したがっ）て敗戦だけならば、国体上はさまで憂うる要なしと存候（ぞんじそうろう）。国体護持の立〔建〕前より最も憂うべきは、敗戦よりも、敗戦に伴うて起ることあるべき共産革命に候。

「近衛上奏文」（『近代日本思想大系36　昭和思想集II』、筑摩書房、1978年所収）

1945（昭和20）年2月14日、近衛文麿は昭和天皇に上奏文を提出した。その冒頭で日本の敗戦は必至だとしつつ、最悪の事態は敗戦それ自体ではなく、敗戦に伴う共産革命だとして、その事態を回避するためにも、ただちに戦争の終結に踏み切ること、そうすれば国体も護持できることを主張した。しかし天皇は、「もう一度戦果を挙げてからでないとなかなか話はむずかしいと思う」と述べて、近衛の提案をしりぞけた。

2月15日

梅田ミト（うめだ・みと／文久3（1863）－1975／長寿日本一だった熊本県の女性）

西郷さんと天朝さんと、なしてたたかわしたか、いくさのあったことは知っとったばってん、はて、なんのわけで戦わしたもんだろ、教えてくるる人の居らでな、いっちょも知らん。おどまただただ暗きから暗きまで、鍬（すき）もって野に出るばっかりで。自分の畠じゃなか、よその畠にやとわれて。雨の降りにはよその着物縫うて。晩にも縫いよったけん、そげな話は聞いたこともなか。

石牟礼道子『西南役伝説』（講談社文芸文庫、2018年）

104歳の梅田ミトが、1877（明治10）年2月15日に勃発した西南戦争の記憶を石牟礼道子に語った言葉。「いっちょも」は全く、「おどま」は私たちは。ミトは、西郷軍と政府軍で戦争をしていたことは知っていたが、朝から晩まで農作業や裁縫に追われていて、なぜ戦っていたのかは知らなかったという。すぐ近くに戦場があったのに、それとは全く無関係に日常が続いていたわけだ。国民国家が確立される前の内乱の実態が、熊本弁で生き生きと語られている。

2月16日

日蓮（にちれん／承久4（1222）- 弘安5（1282）／日蓮宗開祖）

…安房ノ国東条ノ郷ハ辺国なれども日本国の中心のごとし。其故は天照太神跡を垂れ給へり。昔は伊勢ノ国に跡を垂レさせ給ヒてこそありしかども、国王は八幡・加茂等を御帰依深クありて、天照太神の御帰依浅かりしかば、太神瞋リおぼせし時、源右将軍と申せし人、御起請文をもつて（中略）伊勢の外宮にしのびをさめしかば、太神の御心に叶はせ給ヒけるかの故に、日本を手ににぎる将軍となり給ヒぬ。

渡辺宝陽編著『日蓮の手紙』（筑摩書房、1990年）

文永12（1275）年2月16日、日蓮は故郷の女性（新尼御前）にあてて手紙を書き、自分が生まれた安房の「東条ノ郷」（現在の千葉県鴨川市）を「日本国の中心」だとした。なぜならここは、法華経を守護するアマテラスが姿を変えて現れる地だからだ。京都の朝廷はアマテラスへの帰依が浅かったが、源頼朝はアマテラスを奉じたために御心にかなって将軍となった。このように日蓮が法華経を絶対視しつつアマテラスを崇拝した背景には、太平洋から朝日がいち早く昇る故郷安房での体験があったのではないか。

2月17日

永田洋子（ながた・ひろこ／1945-2011／連合赤軍最高幹部）

…当面、山を拠点にして都内のアジトを開拓し、山と都市を結びつけていけば、活動できるし根拠地問題を解決できるのではないか、銃を軸にした闘いも可能ではないかと思い、いくらか心がおどり楽しくなった。

『十六の墓標』上（彩流社、1982年）

新左翼のセクト「京浜安保共闘」（日本共産党（革命左派）神奈川県委員会）に属していた永田洋子は、1971（昭和46）年2月17日に坂口弘らとともに栃木県真岡（もおか）市の銃砲店を襲撃して指名手配され、山岳ベースを設ける坂口の提案に賛成したが、その理由は毛沢東の根拠地思想に基づくものだった。永田は中国を訪れる代わりに日本で武力革命の拠点となる根拠地をつくろうとした。大学時代にワンゲル部にいた永田は山に通じていた。都内の奥多摩に山岳ベースをつくれば、都市を捨てなくてすむという考えもあった。

2月18日

蓑田胸喜（みのだ・むねき／1894-1946／右翼思想家）

何者の痴愚ぞ、この我が神国日本を私法的「利益」観念に終始する冷かなる「法人論」を以て律し、天皇を「機関」視する不敬大逆思想を以て「憲法学」「国体観」の独占を誇負（こふ）し、一般国民を「法律学の素人」と蔑視するは！

「天皇機関説を爆破して国民に訴ふ」（『蓑田胸喜全集』第3巻、柏書房、2004年所収）

右翼団体「原理日本社」を主宰していた蓑田胸喜は、1935（昭和10）年2月18日に貴族院議員の菊池武夫が憲法学者、美濃部達吉の天皇機関説を非難するや、美濃部に対する攻撃を始めた。それは一般国民が教育勅語などを通して学んだ絶対的、現人神的な天皇観に根差しつつ、帝国大学の学生のみが知り得た「機関」としての天皇観を排撃するものだった。久野収の有名な言葉を借りれば、「顕教」によって「密教」が征伐されたのである。

2月19日

高橋和巳（たかはし・かずみ／1931‐1971／作家）

皆の衆よ。開祖の予言された最後の愛による最後の石弾戦が、遠からず、明日にもこの神部の地に起り、それは近畿を覆い、関西を席捲（せっけん）し、全日本にひろまりましょう。（中略）皆の衆よ、ただちに身辺のあらゆる人々に伝えよ。神の国は眼前にありと。そしてその神の国を我がものとするために、すべての人々が力を合せねばならぬと。声の限りこう伝えよ。神の子よ、蜂起せよ。働き人よ、農民よ、労働者よ、一斉に蜂起せよ、と。

『邪宗門』下（河出文庫、2014年）

高橋和巳の長編小説の一節。1946（昭和21）年2月19日、「ひのもと救霊会」の3代教主となった千葉潔は、本部のある神部から武装蜂起を企てる。神部は京都府の綾部を思わせる。連合国軍による占領下では東京を権力奪取することができないが、神部のような「周縁」を拠点として国家からの独立を目指すことはできると考えたのだ。これは敗戦後、各地に進駐する米軍を喜んで受け入れたばかりか、昭和天皇の巡幸まで熱狂的に迎えた現実の日本に対する、小説の側からの壮大な「反逆」の試みである。

2月20日

小林多喜二（こばやし・たきじ／1903-1933／プロレタリア作家）

時計を見ると、八時を少し過ぎていた。「八時」という事は、私をして本能的に「会社」を思い出さした。それは私達会社員について離れない一つの脅迫観念だった。後備の軍人が子供の吹くラッパの音をきいて、思わず直立不動の姿勢をとってみたり、昔、給仕をしたことのある人が、鈴（ベル）の音をきいて、ギョッと跳ね上ったりする、それとこの観念はよく似ていた。

「東倶知安行（ひがしくっちゃんこう）」（『小林多喜二全集』第2巻、新日本出版社、1982年所収）

1928（昭和3）年2月20日、普通選挙法が施行されて初めての衆議院議員総選挙が行われた。当時、北海道拓殖銀行小樽支店に勤めていた小林多喜二は、会社に秘密で北海道1区から立候補した労働農民党の候補を応援するため函館本線で倶知安に向かった。このときの体験をもとにした小説の一節だ。会社員にとって8時という始業時間は、軍隊の起床ラッパ同様、絶対的な規律として内面化されている。だからこそ多喜二は、8時を過ぎても会社にいないことに対する後ろめたさを感じずにはいられなかった。

2月21日

マルクス（1818-1883／ドイツ出身の政治思想家）エンゲルス（1820-1895／ドイツの政治思想家）

共産主義者は、これまでのいっさいの社会秩序を強力的に転覆することによってのみ自己の目的が達成されることを公然と宣言する。支配階級よ、共産主義革命のまえにおののくがいい。プロレタリアは、革命においてくさりのほか失うべきものをもたない。かれらが獲得するものは世界である。

『共産党宣言』（大内兵衛、向坂逸郎訳、岩波文庫、2007年）

カール・マルクスとフリードリヒ・エンゲルスが1848年2月21日にロンドンで刊行した共産主義の教典の最後に出てくる一節。このあと、「万国のプロレタリア団結せよ！」（傍点原文）の有名な一文で終わる。ここから20世紀末のソ連崩壊まで、約1世紀半にわたってこの教典に集約された思想が日本を含む世界を大きく動かしたことは言うまでもない。そして結局、「かれらが獲得するものは世界である」という2人の予言が当たらなかったこともまた、今日では自明となっている。

2月22日

もろさわようこ（1925－／女性史研究者）

…男に無限の性的放縦を許し、女の性を閉塞し、貞操堅固を婦徳としておしえこみ、女に性の抑圧を抑圧とすら感じさせない男中心の価値体系が軍国主義の支えになっていたと思うのです。女たちが意識下で抑圧していたものが屈折してファシズムへの熱狂的支持に転化していることがみられます。

『主婦とおんな』（未来社、1973年）

東京都の国立市公民館では1971（昭和46）年から72年にかけて、「私にとっての婦人問題」をテーマにセミナーが開かれ、25人の市内在住の既婚女性が集まった。72年2月22日には「夫との関係」が話し合われたが、助言者として参加したもろさわはタブーとされがちな「性」について、女性史を研究する立場から分析を加えた。背景には50年代から女性を主体とする勉強会が盛んに行われてきた、国立ならではの政治風土があった。

2月23日

六人部是香

（むとべ・よしか／寛政10（1798）-文久3（1864）／男性の国学者、向日（むこう）神社宮司）

…帝王といへども、其大御心（おおみこころ）を善事に用ひ給ふは、神位界に坐して、恒に安泰に坐して、其寵臣等と共に燕楽（えんらく）し給ふめるを、（中略）若し大御心を善事に用ひ給はさるは勿論にて、太く憤りを懐きて、崩御させ給へるなどは、是れも一度は凶徒界の統領と成まして、是れはた其の寵臣等と、共に妖魅の凶議に関り給へり、（中略）是れ則ち幽冥の大神の幽政を主宰し給へるが故なり（後略）

『顕幽順考論　四之巻』（『神道叢書』巻の6、神宮教院、1897年所収）

「帝王」は天皇、「神位界」は天国、「凶徒界」は地獄、「幽冥の大神」は大国主神。死後の世界である「幽冥界」を治める同神は、善き霊魂を神位界に、悪しき霊魂を凶徒界に送る。天皇といえども、悪しき天皇は大国主神によって地獄に落ちる。天皇は血統でつながっているがゆえに尊いとする国学の前提が覆されている。神道事務局の祭神に大国主神を合祀すべきだとする「出雲派」の主張が1881（明治14）年2月23日に天皇の勅裁によって事実上斥けられたのも、こうした幕末以来の復古神道の思想と無関係ではない。

2月24日

荀子（じゅんし／前298頃－前235頃／中国戦国時代末期の思想家）

…君の栄辱を卹みず、国の臧否を卹みず、偸合苟容して、以て禄を持し交を養ふのみなる、之を国賊と謂ふ。

『新訳漢文大系5　荀子　上』（藤井専英著、明治書院、1966年）

『荀子』巻第九臣道篇第十三の一節。原文は漢文。君主の栄辱を心にかけず、国の盛衰を心にかけず、一時的に迎合し、いい加減に受けいれて、俸禄を維持し、私交を広くあたためることだけに努めるのを、国賊と言う。荀子が理想とする臣下は、これとは全く逆である。君主が誤り、国家が危機にさらされたときに君主に諫言し、聞き入れられないときには身をひくからだ。現代の日本では「反日」「反天皇」的な人物を国賊と呼ぶことが多いが、もともとの意味は違っていた。

2月25日

高見順（たかみ・じゅん／1907-1965／作家）

同じホームで、昼は復員兵の惨憺たる姿を見た。横須賀から乗ったのだ。栄養失調でまるで骸骨のようだった。

そして夜は、――（中略）アメリカ兵が日本娘を抱いて、キャッキャッと騒ぎながら、通って行く。そして進駐軍専用のガラガラに空いた車に乗る。日本娘も一緒に乗る。車内では痴態の限りをつくしている。

『高見順日記』第6巻（勁草書房、1965年）

1946（昭和21）年2月25日、高見順は同じ日の昼と夜で対照的な光景を見た。昼は戦地から引き揚げてきた復員兵が、そして夜は進駐軍専用車両に乗るアメリカ兵と、「パンパン」と呼ばれた日本人女性が同じホームにいたからだ。鎌倉に住んでいた高見は、横須賀線に乗るたびに占領という現実を思い知らされた。この文章に女性差別がないとはいえないが、眼前の光景はそうした自覚を失わせるほど衝撃的だったともいえる。

2月26日

北一輝（きた・いっき／1883-1937／社会運動家）

笑ふべきは法律学者のみに非らず、倫理学者にても哲学者にても、其の頭蓋骨を横ざまに万世一系の一語に撃たれて悉く白痴となる。

『北一輝著作集I　國體論及び純正社會主義』（みすず書房、1959年）

「万世一系」というのは、初代神武天皇以来ずっと革命がなく、男系天皇の血統が受け継がれていることを意味する。明治維新に際して岩倉具視が初めて唱え、大日本帝国憲法の第1条で「大日本帝国ハ万世一系ノ天皇之ヲ統治ス」と規定された。後に2・26事件の黒幕となる北一輝は、発禁処分を受けた大著のなかで、「万世一系」を信奉して思考停止する当時の学者たちを「白痴」と呼んで罵倒した。だが戦後、憲法が改正されてもこのイデオロギーは生き残り、女系天皇の実現を阻む大きな壁として立ちはだかっている。

2月27日

大木晴子（おおき・せいこ／1948－／市民運動家）

西口広場で歌いながら、わたしは頭のなかで、こんなに広いし、ここを通るわたしと同年齢の女性、勤め帰りのサラリーマン、学生、ビラを配ってもなかなか読んでもらえない人びとに、フォークソングで訴えてみよう。戦争について、社会の矛盾についていっしょに考えていけるような気がした。

大木晴子、鈴木一誌編著『1969　新宿西口地下広場』（新宿書房、2014年）

1969（昭和44）年2月27日ないし28日、新宿西口地下広場でベトナム戦争反対を訴える有志数人の集会が始まった。この集会が従来と違っていたのは、演説の代わりにフォークソングを持ち込んだことだ。大木（旧姓山本）晴子は、最大で7000人を集めたこの運動の中心的存在となり、「歌姫」と呼ばれたが、7月14日に道交法・都公安条例違反で逮捕された。これ以降、広場は通路となり、集会が開けなくなった。

2月28日

重信房子（しげのぶ・ふさこ／1945－／日本赤軍最高幹部）

自分が中学3年になった当時、我が家はやっていなかったので、町内会で日の丸を買って掲揚すべきだと言ったことがあった。父は「とんでもない。実際に私は戦争で部下を亡くし、中国人に結果として手をかけた。それなのに戦争犯罪を逃れている人間が一人いる。それは天皇だ」と、いつになく厳しい口調で言った。

『革命の季節　パレスチナの戦場から』（幻冬舎、2012年）

重信房子の父、末夫は、戦前の右翼団体、血盟団に関係していたが、昭和天皇の戦争責任を追及する姿勢は房子に影響を及ぼした。1971（昭和46）年2月28日、房子が世界革命の根拠地と見なしたパレスチナに向かうべく、羽田空港からレバノンのベイルートに出発する際に空港から電話したときにも、父は「やすやすと帰ってくるな。心ゆくまでしっかりがんばって来い」と励ました。戦前の血盟団と戦後の日本赤軍は、父と娘という形でつながっていた。

2月29日

親鸞（しんらん／承安3（1173）‐弘長2（1262）／浄土真宗開祖）

主上臣下、法にそむき義に違し、いかりをなしうらみをむすぶ。これによりて真宗興隆の太祖、源空法師、ならびに門徒数輩、罪科をかんかへず、みだりがはしく死罪につみす。あるひは僧儀をあらため、姓名をたまふて遠流に処す。予はそのひとつなり。しかればすでに僧にあらず俗にあらず、このゆへに禿（とく）の字をもて姓とす。

『教行信証』（金子大栄校訂、ワイド版岩波文庫、1991年）

建永2（1207）年2月、「承元の法難」と呼ばれる事件が起こった。「主上」後鳥羽上皇は「源空法師」すなわち法然を中心とする念仏教団を弾圧した。2月28日には法然と弟子の親鸞が流され、僧籍を剥奪された。これに対して親鸞は、時の政治権力によって不当な弾圧を受けたことを、激越な言葉をもって告発し、従来の僧侶の在り方と俗人の生活をともに否定して「愚禿（ぐとく）」と名乗った。日本史上、天皇（上皇）の権力をここまで徹底して批判することができた人物はほとんどいなかった。

3
月

3月1日

柳宗悦（やなぎ・むねよし／1889-1961／思想家、民藝運動を始める）

私は日本に対する朝鮮の反感を、極めて自然な結果に過ぎぬと考えている。日本が自ら酵（かも）した擾乱（じょうらん）に対しては、日本自らがその責を負わねばならぬ。為政者は貴方がたを同化しようとする。しかし不完全な吾々にどうしてかかる権威があり得よう。これほど不自然な態度はなく、またこれほど力を欠く主張はない。

「朝鮮の友に贈る書」（『民藝四十年』、ワイド版岩波文庫、1995年所収）

1919（大正8）年3月1日、植民地の朝鮮で3・1独立運動が起こった。朝鮮総督府は軍隊を派遣し、激しい弾圧を加えた。この弾圧に対して、柳宗悦は公然と朝鮮の側に立ち、日本を激しく批判した。ここまではっきりと反対の姿勢を示すことができた背景には、朝鮮固有の芸術、とりわけ工芸に対する柳の深い理解があった。美しい工芸品に対する愛着が、それを生み出した国や民族に対する尊敬につながっていた。

3月2日

ベネディクト・アンダーソン（1936-2015／米国の政治学者）

…ソ連共産党指導者は、この社会主義国家の広大な領土のうちにあるすべての候補地のなかから、皇帝権力の古城クレムリンを選んで、ここで六五年にわたって政策を策定してきた。同様に（中略）、中国共産党指導者は天子の紫禁城に集合する。事実、そうした使いふるされ、温もりののこる座によじのぼらなかった社会主義指導部など、まずみあたらない。

『増補　想像の共同体』（白石さや、白石隆訳、NTT出版、1997年。傍点原文）

古い政治体制を転覆させた新たな支配者は、自らの正統性を演出するために王朝時代の建築や都市を巧みに利用する。アンダーソンはその例としてソ連や中国のような社会主義国家を挙げている。敗戦後の日本でも、1946（昭和21）年3月2日には天皇の儀礼がしばしば行われた宮城（現・皇居）前広場で米軍第一騎兵師団に属する第七騎兵連隊がパレードを行った。これ以降、広場では連合国軍によるパレードが常態化する。GHQもまた天皇制の政治空間を巧みに利用したわけだ。

3月3日

武田百合子（たけだ・ゆりこ／1925－1993／随筆家）

テレビで。勝山村は大量棄権の恐れがある。勝山村は三月三日の村長選挙のとき、六十八パーセントが不在者投票をしたので、警察に出頭を命ぜられ、事情を聴取された。それで、今度の参院選挙では絶対投票に行かないといいだす村民が多くなり、村役場では慌ててチラシを配って、選挙に行くように説得している。

『富士日記』中（中公文庫、2019年）

1968（昭和43）年3月3日に行われた山梨県南都留郡勝山村（現・富士河口湖町）の村長選では、3日に村内にいながら不在者投票した詐偽投票で逮捕者が続出した。運動員が早く票を固めようとして金を渡し、投票を強要したのだ。事件の影響から、同年7月7日の参院選には行かないという村民が多いというニュースが、6月13日のテレビに流れた。南都留郡鳴沢村で暮らしていた武田百合子は、このニュースに無関心ではいられなかった。

3月4日

与謝野晶子（よさの・あきこ／1878-1942／歌人）

…我国には今日まで真の国民の味方となった政治家というものはありません。国民の真の味方は国民を以て赤子（せきし）とし、国民の休戚（きゅうせき）を以て大御心（おおみこころ）とせられる歴代の天皇があらせられるばかりです。我国の天皇が専制の君主にましまさぬことは、我々が太陽の光の博愛平等であるのを疑う余地のない如くに昭々（しょうしょう）たる事実です。

「選挙に対する婦人の希望」（『与謝野晶子評論集』、岩波文庫、1985年所収）

1917（大正6）年2月27日から3月4日まで『大阪毎日新聞』に連載された論説の一節。「休戚」は喜びや悲しみ。与謝野晶子は一方で、時の寺内正毅首相や後藤新平内相の演説を「何という奥行の乏しいかつ調子の野卑なもの」とこきおろしつつ、他方で歴代の天皇を「太陽の光」にたとえて絶賛する。教育勅語の「朕惟（おも）フニ我カ皇祖皇宗国ヲ肇（はじ）ムルコト宏遠ニ徳ヲ樹（た）ツルコト深厚ナリ」を思わせる文章だ。晶子のような進歩的な女性でも、「明治」の呪縛から免れることはできなかった。

3月5日

隈研吾（くま・けんご／1954-／建築家）

日本に共産主義政権ができたわけでもないのに、団地の風景とソ連の労働者住宅は、世界じゅうを眺めても、突出して似ている。そういう例はアメリカにも、東欧を除いたヨーロッパにもない。

隈研吾、原武史「団地以降の集合住宅」（『対談集 つなぐ建築』、岩波書店、2012年所収）

1953年3月5日にスターリンが死去すると、フルシチョフが第一書記となった。彼が大量に建設させた標準設計による集合住宅（フルシチョフカ）は、55年に発足した日本住宅公団に影響を与えた。確かにソ連の団地は労働者向けだったのに対して日本の団地は必ずしもそうではなかった。しかし隈研吾は、日本の団地とソ連の集合住宅の類似性は明らかだと言う。戦後の高度成長期の都市部における日本共産党の躍進を、住宅という観点から説明できそうだ。

3月6日

渡辺崋山（わたなべ・かざん／寛政5（1793）-天保12（1841））
／蘭学者、画家、田原藩家老

一、或問、二百年来、干戈を動かさゞる事、他国にも有レ之候や。
答云、かゝる安靖の国は、更に無レ之候。西洋は一日も寝食安からず。さるからに諸国実政を尊び、国家に憂勤する事、又他に異に候。

「鴃舌或問」（『日本思想大系55　渡辺崋山　高野長英　佐久間象山　横井小楠　橋本左内』、岩波書店、1971年所収）

天保9（1838）年3月、渡辺崋山は、江戸に参府した長崎オランダ商館長のニーマンと対談した。我が国は二百年来の泰平が続いているが、こういう国はほかにあるかという崋山の問いに対して、ニーマンはないと答える。西洋では戦争が絶えることがなく、一日も安心して寝食をとれないので、国家の独立を維持するため日夜心魂を砕いていると言うのだ。だがそれから百年あまりの間、日本は西洋列強により独立を脅かされ、内乱を経験し、対外戦争を繰り返すことになる。

3月7日

高橋源一郎（たかはし・げんいちろう／1951－／作家）

…ぼくは、1条から8条までのいわゆる「天皇」条項を削除するのがいちばんいいと思う。要するに、天皇制を廃止するのだ。そのときには、天皇家の人たちには、京都へ移ってもらおう。「天皇」という象徴の仕事はなくなるけれど、その代わり、ずっと担ってきた「祈り」の仕事に専念してもらう。

『たのしい知識』（朝日新書、2020年）

1条から8条までというのは日本国憲法の条文を指す。高橋源一郎は、「日本国民の多くの賛同を得るのは難しいかもしれない」としながら、「いちばんいい」のは天皇制を廃止することだと言う。明治2（1869）年3月7日に明治天皇が京都を出たのを最後に、天皇が戻ることはなかったが、廃止されれば戻って「祈り」すなわち祭祀に専念する。新たに宗教法人を興すのも一つの方法だと言う。その場合には、京都御所が皇居に代わる禁忌の空間になるのだろうか。

3月8日

シモーヌ・ヴェイユ（1909-1943／フランスのユダヤ系哲学者）

軽罪裁判所で、ゆったりと腰掛け、質問や講釈や冗談を流暢に並べ立てる裁判官を前にして、畑で人参を盗んだかどで告発された路上生活者が、突っ立ったまま、口ごもることすらできずにいる。流麗に意見を並べ立てることに専念している知性を目の前にした真理とはこのようなものである。

『シモーヌ・ヴェイユ　アンソロジー』（今村純子編訳、河出文庫、2018年）

1942年12月から43年4月にかけてシモーヌ・ヴェイユが書いた「人格と聖なるもの」の一節。彼女によれば、真理と不幸の間にはつながりがある。どちらも押し黙って懇願しているからだ。その真理を理解し、不幸を救えるのは「真に純粋な英雄、聖人、天才といった人たち」しかいない。裁判官の知性は、路上生活者の不幸を救うどころか、救いを妨げる「遮蔽幕」になっている。政党も同様である。「名士も政党も、真理にも不幸にも耳を傾けることはけっしてない」。

3月9日

伊藤野枝（いとう・のえ／1895-1923／婦人運動家、作家）

前おきは省きます／私は一無政府主義者です／私はあなたをその最高の責任者として　今回大杉栄を拘禁された不法について、その理由を糺（ただ）したいと思いました

「書簡　後藤新平宛」（森まゆみ編『伊藤野枝集』、岩波文庫、2019年所収）

1918（大正7）年3月、大杉栄は公務執行妨害を名目として東京の日本堤署に拘禁され、東京監獄に収監された。この前年、大杉は内務大臣の後藤新平邸を訪れ、後藤から300円を受け取った。ところが今回は、後藤が権力を使って、大杉を拘禁した。大杉と恋愛関係にあった満23歳の伊藤野枝はそう受けとめ、3月9日、後藤に手紙を書いた。その手紙の冒頭である。堂々と無政府主義者を名乗り、無実の罪を着せた後藤に対して単刀直入に理由をただしている。

3月10日

宇垣一成（うがき・かずしげ／1868‐1956／陸軍大臣、朝鮮総督）

我日本の強きにあらずして彼敵の弱きなり、との心掛けが肝要である。余をして公平に評価せしむるならば日本軍決して弱くはないが英米蘭軍は余りにも弱い感じがする!!

『宇垣一成日記』3（みすず書房、1971年）

太平洋戦争が勃発した直後、日本軍は連戦連勝を重ね、1942（昭和17）年2月には英国領のシンガポールを陥落させた。宇垣一成は38年9月に政界を引退し、東京府北多摩郡谷保村（現・国立市）に隠居していたが、この文章は42年3月10日に記したもの。「英米蘭軍」の戦力を完全に見くびっていたことがわかる。最後に!が2つ付いているところに当時の高揚感がうかがえる。JR国立駅前の国旗掲揚塔には、いまなお宇垣の筆による「国威宣揚」の文字が刻まれている。

3月11日

高良とみ（こうら・とみ／1896-1993／婦人運動家、大政翼賛会中央協力会婦人部代表）

…日本の母の心は、その若桜をお国に捧げると否とにかかわらず、もうすでに大東亜戦争の醜の御楯として、すべてが子供達を、お国のために喜んで捧げる決心はついております。これは日常生活にかえりみましても、決して自分の子、自分の家の子と思う事はなく、天皇陛下の強者をお預り申して、育てているのだという、強い責任感に満たされております。

「軍神を生む母の力」（『高良とみの生と著作』第5巻、ドメス出版、2002年所収）

高良とみが『少国民新聞』東日版1942（昭和17）年3月11日に載せた文章の一節。「醜の御楯」は天皇の楯となって外敵を防ぐ者。日本軍の進撃が続いていた当時、国策に迎合し、戦意高揚のために書いた文章であることは明らかだ。戦後に高良が記した『非戦を生きる――高良とみ自伝』では、日米開戦を聞いて「これは勝てるはずはない、いずれひどいめに会うのではないかと思っていました」とあるだけで、この文章のことは記されていない。

3月12日

内澤旬子（うちざわ・じゅんこ／1967-／文筆家、イラストレーター）

東京は、うまく言えないけれど、何かを失ったのだ。あれだけのことがあったのだから、しかも電力の供給元がいまだに危機から脱していないのだから、失って当然だろう。そこまでは仕方ないとして、立ち直り方がどうも変だ。オリンピック招致なんて、東北で土木工事が広範に必要な時期に、何を考えているのだろう。

『漂うままに島に着き』（朝日新聞出版、2016年）

2011（平成23）年3月12日、前日の東日本大震災に伴い、東京電力福島第一原子力発電所1号機が水素爆発した。故郷を追われたのは、東京都民ではなく、東京に電気を供給している福島県の人々だった。それなのに政府は、復興の証しと称して東京でオリンピックを開こうとしている。東京に住んでいた内澤旬子は、「もうそろそろ袂を分かちたい」という思いから、香川県の小豆島への移住を決断する。これもまたすぐれた政府批判ではないか。

3月13日

勝海舟（かつ・かいしゅう／文政6（1823）-1899）／幕臣、参議兼海軍卿、枢密顧問官

…おれが政権を奉還して、江戸城を引払ふやうに主張したのは、いはゆる国家主義から割り出したものサ。三百年来の根柢があるからといつたところが、時勢が許さなかつたらどうなるものか。かつまた都府といふものは、天下の共有物であつて、決して一個人の私有物ではない。江戸城引払ひの事については、おれにこの論拠があるものだから、誰が何と言つたつて少しも構はなかつたのサ。

江藤淳、松浦玲編『氷川清話』（講談社学術文庫、2000年）

晩年の勝海舟が江戸開城について回想した一節。慶応4（1868）年3月13日と14日、勝は二つの薩摩藩江戸藩邸で西郷隆盛と対談し、江戸城を明け渡すことにした。その理由を2点挙げている。一つは「時勢」である。徳川三百年の歴史も、新政府軍が勢いを増す「時勢」の前ではあっけなく崩れる。もう一つは「天下」である。勝の「天下」観は、遺言として徳川家康が述べた「天下は一人の天下に非ず、天下は天下の天下なり」を思い出させる。その意味で勝は家康の遺言に従ったともいえる。

3月14日

藤田省三（ふじた・しょうぞう／1927-2003／政治思想史家）

…列強ひしめく国際情勢の中に進み出てよく対外独立を維持しうるためには、伝統的権威の心理的絡みつきから自由になって「国家」の利害状況をリアルに判断することが不可欠である。そういう意味では「国家」の対外独立は、「国家」観念の対内独立とりわけ伝統的信条体系からの独立と分ち難く結びついているものなのである。

『藤田省三著作集4　維新の精神』（みすず書房、1997年。傍点原文）

慶応4（1868）年3月14日、明治天皇は政府の基本方針である「五箇条の御誓文」を示した。しかし維新を成し遂げたのは、天皇への忠誠をもつどころか、逆に「玉」を操作した者たちだった。このとき初めて「国家」は伝統的価値や世間的権威から独立したものとなり、正真正銘の「ステイツマン」が生まれた。藤田省三の言う「維新の精神」がここにある。それは熱狂的な「尊皇」とは似ても似つかないものだ。藤田は1967年に刊行されたこの著作に、翌年予想された「明治100年」の催しに対する批判を込めている。

3月15日

三島由紀夫（みしま・ゆきお／1925－1970／作家）

雪後庵で保守党の政客たちが垣間見せる様相は、かづの頭に見事な政治の概念を叩き込んでいた。それは厠へ立つふりをして行方をくらましたり、炬燵に当って詰将棋のような相談事をしたり、怒っていながら笑ってみせたり、少しも怒っていないのに激昂してみせたり、永いこと黙って袂屑をいじっていたり、……要するに芸者のやるようなことをすることだった。

『宴のあと』（新潮文庫、2011年）

三島由紀夫の小説の一節。福沢かづが営む料理屋、雪後庵は、広大な庭園をもち、保守党の政客たちが好んで利用していた。そこでかづは「芸者政治」の実態を見た。だがかづが結婚したのは、そうした実態からかけ離れた、書斎でドイツ語の原典を読む革新党の政治家、野口雄賢だった。かづが習得した「政治学」の成果は、野口が出馬した東京都知事選でいかんなく発揮されるが、保守党の戦術はそれを上回っていた。1961（昭和36）年3月15日、野口のモデルとされた有田八郎は三島と版元の新潮社を訴えている。

3月16日

開高健（かいこう・たけし／1930−1989／作家）

なにを聞かれてもブツブツとつぶやき、ボソボソとつぶやき、抑揚がなく、アクセントがなく、ミエも切らねばガンもとばさないので、あなたははじめからしまいまで一語のこさず聞いたとしたところで、さて考えてみれば彼はいったいなにを本音でいいたかったものやら、又、いったいなにをしゃべったのやら、たったいま聞いていながらさっぱり耳たぶにはなにものこらなくて当惑するはずである。

「私たちの〝幸福さ〟」（『饒舌の思想』、ちくま文庫、2009年所収）

1960（昭和35）年3月16日、開高健は衆議院日米安全保障条約等特別委員会のやりとりを聴こうと、傍聴席に陣取った。さぞかし安保改定を目指す自民党の岸信介政権と、それに批判的な野党との丁々発止が展開されるかと思いきや、岸首相の答弁たるや何を言っているのかわからず、政府はただそうやって時間をつぶそうとしているようにしか見えなかった。そして実際に、岸政権は時間をつぶした末に安保改定を強行採決し、自然成立させた。

3月17日

ジョージ・オーウェル（1903-1950／イギリスの作家）

日ごとに、そして分刻みといった具合で、過去は現在の情況に合致するように変えられる。このようにして、党の発表した予言は例外なく文書記録によって正しかったことが示され得るのであり、また、どんな報道記事も論説も、現下の必要と矛盾する場合には、記録に残されることは決して許されない。

『一九八四年〔新訳版〕』（高橋和久訳、ハヤカワepi文庫、2009年）

オーウェルの近未来小説『一九八四年』の主人公、ウィンストン・スミスは、オセアニアという全体主義国家の真理省記録局に勤務している。彼は歴史記録や新聞を改ざんし、独裁者の言っていることはすべて正しい状態を作り出す仕事をしている。例えば1984年3月17日のタイムズの記事は、前日の独裁者の予言が現実通りだったという具合に書き換えられる。このディストピアの世界は、現実の日本とも決して無縁ではない。財務省の決裁文書などの公文書が第2次安倍晋三政権のもとで大々的に改ざんされ、真相が隠ぺいされたように。

3月18日

堀田善衞（ほった・よしえ／1918-1998／作家）

私はピカピカ光る小豆色の自動車と、ピカピカ光る長靴とをちらちらと眺めながら、こういうことになってしまった責任を、いったいどうしてとるものなのだろう、と考えていたのである。（中略）ところが責任は、原因を作った方にはなくて、結果を、つまりは焼かれてしまい、身内の多くを殺されてしまった者の方にあることになる！そんな法外なことがどこにある！

『方丈記私記』（ちくま文庫、1988年）

1945（昭和20）年3月18日、昭和天皇は東京大空襲で被害を受けた東京東部を自動車で視察した。富岡八幡宮で堀田善衞は、天皇に向かって土下座し、涙を流しながら「陛下、私たちの努力が足りませんでしたので、むざむざと焼いてしまいました、まことに申訳ない次第でございます、生命をささげまして……」と小声でつぶやく人々を見て驚愕した。敗戦後に昭和天皇を免責したのはマッカーサーの政治的判断だったが、それは圧倒的多数の国民のこうした感情によって支えられていた。

3月19日

林郁夫（はやし・いくお／1947-／オウム真理教治療省大臣、医師）

…対象となるのは「国家権力の代表者」たちだという言葉を聞いたことで（中略）私の意識のなかでは「殺す人＝国家権力の代表者」、すなわち死ぬのは国家権力の代表者たちという「意識の回路」が固定されてしまい、短絡（バイパス）されてしまったのだと思います。サリンをまくことで亡くなる人たちが「普通の人たち」であるという、当たり前のことに気づかなくなったのです。

『オウムと私』（文春文庫、2001年）

1995（平成7）年3月19日深夜、林郁夫は山梨県西八代郡上九一色村（現・富士河口湖町）の第7サティアンに向かい、サリンの入ったビニール袋を受け取った。その翌日、林はビニール袋を持って朝の地下鉄千代田線の電車に乗り、霞ヶ関の手前で袋に穴を開けて電車を降りた。霞ヶ関で降りる「国家権力の代表者」を「ポア」する、つまり殺すためだった。その考え方が間違っていることに気づいたのは電車の利用者を見てからだったが、林は葛藤の末、予定通り実行した。最後の瞬間でも信仰の優位は揺らがなかった。

3月20日

村上春樹（むらかみ・はるき／1949-／作家）

彼らはただ「そこに乗り合わせた気の毒な人々」でしかなかった。極端な言い方をすれば、彼らは誰でもよかったのだ。ただその電車に乗り合わせて、サリンガスを吸って被害を受けた「普通の市民」というわけだ。彼らには顔もなく、固有の声も与えられていなかった。

「東京の地下のブラック・マジック」（『村上春樹 雑文集』、新潮文庫、2015年所収。傍点原文）

村上春樹は、1995（平成7）年3月20日に起こった地下鉄サリン事件の被害者たちへのインタビューを重ね、『アンダーグラウンド』を書いた。そこで浮かび上がったのは、被害者たちの一人一人が交換不可能な個であり、それぞれ固有の物語を抱えた存在なのだという事実だった。政治学は往々にして「市民」という言葉で抽象化する。しかし安易に抽象化しないのが小説家の役割ではないかと言うのだ。政治学が文学を軽視してはならないゆえんである。

3月21日

宮本百合子（みやもと・ゆりこ／1899－1951／作家、日本共産党員）

一年間の最も雄弁な教訓は、これ等の婦人代議士が女は女の生活をよく知っているということを、選挙演説の中心においてたたかい、婦人有権者も女は女へと思って、そこに希望をかけて投票したことが、まったく無意味であったということです。

「今度の選挙と婦人」（『宮本百合子全集』第15巻、新日本出版社、1980年所収）

宮本百合子は、『アカハタ』（現・しんぶん赤旗）1947（昭和22）年3月18日と21日に、戦後初めて誕生した女性代議士を痛烈に批判する論説を連載した。女性参政権が認められた46年4月の衆議院議員総選挙で39人の女性代議士が誕生したが、「大部分の人が有産階級の人」であり、彼女らは戦時中と同じような窮乏に耐えることを強いるだけで、物価を一銭でも安くする力すらもたなかったとした。宮本が半ば予想したとおり、47年4月に行われた衆議院議員総選挙では、女性の当選者は15人に激減した。

3月22日

高杉一郎（たかすぎ・いちろう／1908-2008／小説家・翻訳家）

…重要性の程度に応じて、収容所全員の政治集会にもちだされ、野外劇場の舞台に立たされることがある。レーニン、スターリンの肖像や林立する赤旗で飾られた舞台には、ちょうど雛壇（ひなだん）のように幹事団がならんでいる。その前にひとり立たされて、獲物を前に興奮した二千の大衆から攻撃のつぶてを浴びせられるのは、旧軍隊の野蛮で原始的なびんたや営倉よりもずっとおそろしい私刑である。

『極光のかげに』（岩波文庫、1991年）

敗戦後、シベリアに抑留された高杉一郎は、日本人を共産主義者に思想改造するための「民主運動」を観察した。この運動は、外気がゆるんで戸外の集団活動ができるようになる3月になると盛んになった。反動が明るみに出た日本人は、集団の前でつるし上げられた。高杉はそれを日本軍の原始的な暴力より「ずっとおそろしい」とする一方、ソ連では日本より民族差別や女性差別や上官に対する無条件の服従のような習慣が少ないことにも気づいたと回想する。

3月23日

カフカ

（1883－1924／チェコ出身のドイツ語作家）

村の丘から眺めわたしたところよりはるかに大きい村があり、そこにはぎっしり家並みがつづいていて、夜昼なく人々が頭をつき合わして暮らしているなどのことが、はたしてありうることだろうか。そんな街を想像するよりも、北京と皇帝は一つの同じものであって、太陽のもとにゆっくりと時の大空を漂っていく雲のようなものだと考える方が、よりたやすいというものである。

「万里の長城」（『カフカ短篇集』、池内紀編訳、岩波文庫、1987年所収）

1917年3月に書かれた未完の断片集の一節。中華帝国の南部に住む村人の視点に立てば、北京も皇帝もはるか彼方にあり、その見えない存在をリアルに想像できないことを、カフカはありありと描いている。村人にとっては、村落共同体の世界がすべてなのだ。しかし見方によっては、近代の国民国家が確立される以前の自由があったとも言える。帝都東京にいる天皇をいかにして全国の人々に認識させ、彼らを等しく臣民にしてゆくかは、明治国家の指導者にとっても大きな課題となった。

3月24日

田中慎弥（たなか・しんや／1972-／作家）

赤間関は捨てられた街だ。俺たちは捨てられたんだ。生れつき、捨てられてるんだ。それだけならまだましだな、死ぬわけじゃないんだから。大昔はこの狭い海で人が死んだんだよ、八百年前に、天皇が。天皇って偉いだろ。偉いのに死んじゃった。まだ子どもだった安徳っていう天皇が。日本は天皇を死なせたやつらのものになった。

『燃える家』（講談社、2013年）

「赤間関」は下関の古称。田中慎弥の出身地、下関を舞台とする長編小説で、主人公が義弟に話した言葉からの引用。寿永4（元暦2・1185）年3月24日、壇ノ浦の戦いで平家が滅亡したとき、安徳天皇も一緒に入水した。このとき京都ではすでに、後鳥羽天皇が神器のないまま即位していた。主人公が初めて上京して皇居を見たときに、「そんな筈はない」と直感するのは、下関で天皇といえば安徳天皇しかいないからだ。その怨霊は、平家の霊とともにいまも下関の地に漂っているとされる。

3月25日

奥むめお（おく・むめお／1895-1997／婦人運動家）

女たちはまるで無関心の風情で、喜びの声さえもかけてくれない。誰のためにわたしはあんなにむきになって、子どもを悲しませてまで運動を続けてきたのか。わたし自身の個人的な興味や名誉のためであったか。否！　断じて否。全体の婦人のために、何としてもあの道を切り開かねばと思いつめてここまできた。しかしわたしたちの運動は、婦人大衆の要望を満たすものではなかった。

『奥むめお　野火あかあかと』（日本図書センター、1997年）

1922（大正11）年3月25日、治安警察法第5条が改正され、女性が政治演説会を主催したり、それに参加したりする自由が認められた。だが肝心の女性たちの反響はなかった。演説会は相変わらず聴衆の大半が男性だった。改正に力を尽くした奥むめおは、この反響のなさに深い挫折を味わい、女性の参政権運動から手を引いた。それよりも女性たちが政治に関心をもてるようにするための生活の基盤を作らなければならないと考えるようになった。

3月26日

エルウィン・ベルツ（1849－1913／ドイツ人医師、宮内省侍医）

行列行進は、来るときも去るときも、静粛に行われたが、秩序あることと危な気ないことは、まるで慣れた老兵（ヴェテラン）でもあるかのようで、女の児も、男の児と同じ正確さで「右向け」、「左向け」や「正面」の動作をやっていた。このように日本の小国民には、幼時から規律と愛国心が植えつけられるので、これがかれらの、いわば身についた一部分となってしまうのである。

トク・ベルツ編『ベルツの日記』下（菅沼竜太郎訳、岩波文庫、1979年）

1905（明治38）年3月26日、皇太子嘉仁や皇子たちが滞在していた沼津御用邸の前に、日露戦争における奉天会戦戦勝を祝う児童の祝賀行列が現れた。東宮侍医だったエルウィン・ベルツは、その行列が秩序正しく、男子と女子の間に違いがないことに驚いた。幼時のうちからこうした教育を受けているうちに、いつの間にか「身についた一部分」となってしまう。教育勅語のような観念を注入するだけでなく、身体そのものを改造してしまう明治以降の天皇制教育の影響の大きさが見事に描かれている。

3月27日

大塩平八郎（おおしお・へいはちろう／寛政5（1793）‐天保8（1837）／陽明学者、大坂町奉行与力

…都て中興／神武帝政御道之通、寛仁大度の取扱にいたし遣、年来驕奢淫逸の風俗を一洗相改、質素に立戻り、四海万民、いつ迄も、／天恩を難有存、父母妻子をも養、生前之地獄を救ひ、死後の極楽成仏を眼前に見せ遣し、尭舜、／天照皇太神之時代に復し難くとも、中興の気象に、恢復とて、立戻し可申候。

「檄文」（『大日本思想全集第16巻　佐藤一斎集　大塩平八郎集』、大日本思想全集刊行会、1931年所収）

天保8（1837）年2月19日、大塩平八郎が乱を起こした。大塩は儒教の「革命」を目指したとされるが、中国古代の聖人である尭や舜と日本神話に登場するアマテラスを同格と見なし、たとえその時代に戻ることはできなくても、初代とされる神武天皇の統治を理想として、建武の中興に次ぐ「中興」を図ろうとした。神武創業への復古を目指した明治維新のスローガンが早くも現れているが、乱自体は失敗に終わり、大塩は同年3月27日に自決した。

3月28日

司馬遼太郎（しば・りょうたろう／1923-1996）／作家

私の朝鮮への関心のつよさは、私がうまれて住んでいる町が大阪であるということに多少の関係があるかもしれない。
大阪は、この原野に人間がほとんど住んでいなかったころ、百済からの移住者がきて拓き、そのころ百済郡という郡さえ置かれた。郡内に百済野という一大耕作地帯があったが、それが、いまの生野区とか、鶴橋、猪飼野（いかいの）あたりらしい。

『街道をゆく2　韓（から）のくに紀行』（朝日文庫、1978年）

大阪の古称である「浪速」や「浪花」は、『日本書紀』の神武東征に由来する。しかし司馬遼太郎はこの伝説を一顧だにせず、大阪と朝鮮半島の歴史的なゆかりの深さに思いを馳せる。ナショナリズムと結びつく「国史」からは距離をおき、大阪は百済からの移住者によって開かれたとするのだ。大阪よりもずっと後になって開かれた東京に住んでいては思いつかない発想である。ちなみに同書の天智天皇3（664）年3月条には、百済王の善光らを難波に住まわせたという記述がある。

3月29日

高史明（コ・サミョン／1932-／在日朝鮮人2世の作家）

村人たちは、明らかに共産党の山村工作隊を恐れていた。恐れていただけではない、反感を抱いていた。

『闇を喰む　Ⅱ焦土』（角川文庫、2004年）

1952（昭和27）年3月29日、日本共産党員だった高史明は、党本部から山村工作隊として奥多摩に行くよう指令を受け、東京都西多摩郡小河内村（現・奥多摩町）に向かった。当時の共産党の軍事方針によれば、山の村人たちは山林地主を恨んでおり、共産党の味方とされていた。ところが実際には、共産党の武装闘争路線は、村人たちの受け入れるところとはならなかった。自分たちは村人たちの平和な生活の破壊者でしかないことを、高史明は思い知らされることになる。

3月30日

カミュ（1913-1960／フランスの作家）

新聞と当局とは、ペストに対してこのうえもなく巧妙に立ちまわっている。彼らは、百三十は九百十にくらべて大きな数ではないというわけでペストから得点を奪ったつもりなのである。

『ペスト』（宮崎嶺雄訳、新潮文庫、1969年）

アルジェリアのオラン市で、ペストが大流行する。ラジオは週に何百という死亡数を伝えていたが、あるときから日に92名、107名、120名という死者を報じるようになった。市当局が死者の数を少なく見せるために方針を転換し、マスコミもそれに従ったのだ。感染拡大を過小に見積もろうとする行政と、その姿勢を批判しようとしない報道機関。カミュが小説で描いた権力の構図は、新型コロナウイルスの感染拡大が収まらないのに、日本の感染者数は欧米などに比べて「大きな数ではない」という理由でオリンピックの開催を強行しようとした現代の日本にも当てはまる。

3月31日

中井久夫（なかい・ひさお／1934-／精神科医）

小学校への入学は、全く別種の漢語の世界に入ることである。「第何班」「当番」「委員」「級長」「副級長」「何とか係」「集合」「朝礼」「整列」「礼」「歩調」「体操」「罰則」「賞状」などなど、学校用語は実に官庁用語的であり、また、れっきとした権力用語である。教育は、ただ、ものを教わることだけでなく、権力体制の中に織り込まれ、その一部となることである。

「病棟深夜の長い叫び」（『「昭和」を送る』、みすず書房、2013年所収）

日本の学校や官庁、企業などにとって、3月31日と4月1日の間には大きな断層がある。卒業や入学、入社、異動、退職などが一斉に行われるからだ。中井久夫は、そうした人生の通過儀礼のなかで、最も段差が激しいのは幼稚園を卒業して小学校に入るときだと言う。さまざまな漢語に満たされた世界に入ることは、否応なしに権力体制の中に織り込まれることを意味する。まだ自我意識も目覚めないうちに、多くの子供たちは体制に馴らされてしまうわけだ。教育と権力の密接な関係を衝く言葉である。

4月

4月1日

松尾芭蕉（まつお・ばしょう／寛永21（1644）-元禄7（1694）／俳人）

卯月朔日、御山に詣拝す。往昔、此御山を「二荒山」と書しを、空海大師開基の時、「日光」と改給ふ。千歳未来をさとり給ふにや、今此御光一天にかゝやきて、恩沢八荒にあふれ、四民安堵の栖穏なり。猶、憚多くて筆をさし置ぬ。

『おくのほそ道』（萩原恭男校注、岩波クラシックス、1982年）

元禄2（1689）年4月1日、松尾芭蕉は「御山」すなわち日光山に参拝した。日光山は東照宮、日光二荒山神社、輪王寺からなる。開基したのは空海ではないが、芭蕉はそう思っている。いまや東照大権現すなわち徳川家康の御威光は天下に輝き、御恵みは国土の隅々にまで行き渡り、すべての人々が安楽な生活を営み平和である。これ以上書くのはおそれ多いと言うのだ。将軍について書くのはおそれ多いという感情は、そのまま明治以降の天皇に対する感情に受け継がれることになる。

4月2日

大西愛治郎（おおにし・あいじろう／1881-1958／天理研究会（現・ほんみち）教祖）

愈々絶対の日が到来した事を承知せねばならぬ。今の皇室も新帝も「心に何も知らぬ」と云ふであらう。何も知らいでも道に敵対したる因縁を受継いで居るのであるから、気の毒乍ら此の咄は聞けやうまい。聞けねば其の地位は何処迄も踏ん張るであらう。気の毒乍ら一夜の間の事情にどうなるとも分らん。之はおどしでは無い。

「研究資料」（村上重良『ほんみち不敬事件』、講談社、1974年に掲載）

天理教から分かれた天理研究会（現・ほんみち）の教祖、大西愛治郎は、1927（昭和2）年に幹部とともに著した「研究資料」で、翌28年の「絶対の日」に「岩戸開き」が起こるとし、天徳を失った「新帝」すなわち昭和天皇に代わって、「甘露台」すなわち大西自身が統治者となることを説いた。引用したのはその結びの部分で、大西自身が書いたとされる。天理研究会は「研究資料」を要人に配布したため、28年4月2日を期して信者の検挙が始まり、大西も逮捕されたが、精神異常者として無罪となった。

4月3日

聖徳太子（廏戸皇子）

（しょうとくたいし（うまやどのおうじ）／敏達天皇3（574）‐推古天皇30（622）／飛鳥時代の政治家）

…詔を承りては必ず謹め。君をば天とす。臣をば地とす。天は覆ひ地は載す。四時順ひ行ひて、万気通ふこと得。地、天を覆はむとするときは、壊るることを致さむ。是を以て、君言たまふことをば臣承る。上行ふときは下靡く。故、詔を承りては必ず慎め。謹まずは自づからに敗れなむ。

『日本書紀』四（坂本太郎ほか校注、岩波文庫、1995年）

『日本書紀』によれば推古天皇12（604）年4月3日、聖徳太子（廏戸皇子）は憲法十七条を作成した。偽作説や聖徳太子非実在説もあるが、ここでは『日本書紀』の記述に従う。引用したのはその三で、君臣の関係を天地の上下関係にたとえ、天皇の詔を受ければ、たとえそれがいかなるものであろうが臣下は謹んで従うことが定められた。「承詔必謹」である。この言葉は千数百年の時空を超えて、1945（昭和20）年8月の終戦にまでこだましていた。

4月4日

魯迅（ろじん／1881-1936／中国の作家）

支那に於ける一般の民衆、殊に所謂る愚民なるものは孔子様を聖人だと云ふが聖人と感じない、彼に対してはつつしむが親しまない。併し自分はどうも支那の愚民ほど孔子様を了解するものは世の中にあるまいと思ふ。成程孔子様は大変な国を治める方法を考案した、併しそれは皆な民衆を治めるもの、即ち権力者達の為めの考案で民衆其物の為めに工夫した事が一向ない、「礼庶人に下らず」である。

「現代支那に於ける孔子様」（『魯迅選集』第12巻、岩波書店、1964年所収）

魯迅が記した日本語の文章。中国の民衆の孔子に対する態度は、一見愚かに見えて実は孔子のことを一番よくわかっている。孔子が重視した「礼」も権力者だけに求められる徳目であり、「庶人」すなわち民衆には関係がない。ところが日本の湯島聖堂では、1935（昭和10）年4月4日に孔子像の鎮斎式が行われた。中国には孔子をまつる文廟はあっても孔子像はない。それは孔子が民衆に親しまれる存在ではなかったからだ。湯島聖堂というのは、中国人の魯迅にはまことに奇妙な施設に映った。

4月5日

エリザベス2世（1926-／イギリス女王）

１９４０年に妹の助けを得て初めてラジオ放送の演説をしたことを思い出します。私たちは子供で、ここウインザー城から、安全のために自宅から避難し、遠くへ疎開した子供たちに話したのでした。今日、もう一度、多くの人が大切な人たちから離れる悲痛を感じています。しかし今、その時のように、私たちは、心の中では、自己隔離をすることが正しいことだと知っています。

「エリザベス英女王のテレビ演説全文『良き日は戻ってくる』」（「産経新聞」２０２０年４月６日掲載）

世界中で新型コロナウイルスの感染が広がりつつあった２０２０年4月5日、エリザベス2世はビデオメッセージを発した。第二次世界大戦が勃発した翌年、彼女はドイツ軍の空襲に備えて親から離れ、地方に疎開した子供たちにラジオで話しかけた。今回、感染拡大に備えて外出を控えるよう呼びかける彼女の脳裏に、このときの記憶がよみがえった。これは国王の終身在位の原則を崩していない英国王室ならではの演説であり、体験を通して戦争とコロナ禍を結びつけた点で強い説得力をもった。

4月6日

板垣退助（いたがき・たいすけ／天保8（1837）-1919／政治家、自由党党首）

板垣死すとも自由は死せず

1882（明治15）年4月6日、板垣退助が遊説の途上、岐阜で暴漢に襲われたときに発した言葉とされる。異説はいろいろあるが、これに近い言葉を発したのは事実のようだ。板垣の出身地である土佐のよしや節に「よしやシビルはまだ不自由でもポリチカルさへ自由なら」という一節があるように、ここでいう「自由」とは政治権力に侵害されない個人の自由よりも、国会を開設して自ら政治に参加する自由の方を指している。日本における自由の意味を考える上でも重要な言葉である。

4月7日

山本七平（やまもと・しちへい／1921－1991／評論家）

…ある会議であることが決定される。そして散会する。各人は三々五々、飲み屋などに行く。そこでいまの決定についての「議場の空気」がなくなって「飲み屋の空気」になった状態での文字通りのフリートーキングがはじまる。そして「あの場の空気では、ああ言わざるを得なかったのだが、あの決定はちょっとネー……」といったことが「飲み屋の空気」で言われることになり、そこで出る結論はまた全く別のものになる。

『「空気」の研究』（文藝春秋、1997年）

1945（昭和20）年4月7日に撃沈された戦艦大和の特攻出撃を最終的に決定したのは「空気」だったと山本七平は言う。正式な会議でも、多数決のような対立を前提とする原理よりは「空気」で決まる場合がいまだに多い。しかもその後に飲み屋に行けば、また別の「空気」が支配するから、会議とは別の結論になる。コロナ禍のさなか、対面式の会議はなくなってオンラインになり、飲み屋の営業は時間短縮や休業を要請された。それは「議場の空気」も「飲み屋の空気」も薄まったことを意味した。

4月8日

章炳麟（しょう・へいりん／1869－1936／中国の思想家）

凡庸な者は軽々しく日本を模倣しようとする。かれらは、西洋と日本が封建時代から近く、中国が封建時代から遠いことが分っていないのである。封建時代から遠ければ、民はみな平等であり、封建時代から近ければ、民に貴族と庶民の身分がある。立憲制を模倣して民に貴族と庶民の身分を生ずるよりは、王者一人が上で政権を掌握し、制度が粗放で監視が行きとどかず、民が長生きできる方がよい。

「代議制は是か非か」（『章炳麟集』、西順蔵、近藤邦康編訳、岩波文庫、1990年所収）

文中の立憲制は代議制とほぼ同義。日清戦争後の中国では、日本にならって議会を導入するべきだとする意見が台頭した。だが章炳麟によれば、日本と中国では歴史が違う。代議制は分権的な体制（封建制）の変形だから、その体制が続いた日本にはなじんでも、早々と中央集権制（郡県制）に移行した中国ではなじまない。それよりは皇帝一人が権力を握り、民の自由と平等が保たれている現在（清末の中国）の方がよいと言うのだ。中国で初めて国会が開かれたのは、辛亥革命後の1913（民国2）年4月8日だった。

4月9日

明石順三（あかし・じゅんぞう／1889-1965／宗教家、灯台社を創立）

一億対五人の戦いです。一億が勝つか五人がいう神の言葉が勝つか、それは近い将来に立証される事でありましょう。

鶴見俊輔「明石順三と灯台社」（朝日新聞社編『思想史を歩く』上、朝日選書、1974年所収）

現在のものみの塔聖書冊子協会（エホバの証人）日本支部は、戦前には灯台社と称した。灯台社は聖書の教えに基づき兵役を拒否したため、明石順三は1939（昭和14）年6月に検挙されたが、獄中でも戦争反対の思想を貫いた。これは42年4月9日の公判で述べた言葉。5人とは灯台社に所属し、獄中でも非転向を貫いた信者たちを指す。しかし米国を本部とするものみの塔聖書冊子協会は、戦後に本部を批判した明石らを追放し、新たに日本支部を設立している。

4月10日

加藤シヅエ（1897-2001／日本社会党の政治家、婦人運動家）

有権者は一度に三名の名前が書けるんです。となれば、二名は男の名前を書いて、三枚めの札には、珍しさも手伝って女を書いたんじゃないだろうかって。（中略）後に新聞記者に聞いたら、私たちの分析は殆ど当たってましたけど、女性の中には、女は女に投票しなくてはいけないものだと思い違いをしていた方も、相当あったんだそうです。

『ある女性政治家の半生』（PHP研究所、1981年）

1946（昭和21）年4月10日、女性が参政権を得た戦後初の衆議院議員総選挙が施行され、翌日の開票で39人の女性議員が誕生した。加藤シヅエは愛知1区から立候補して当選した加藤勘十の妻で、東京2区から出馬し、勘十よりも多い、全国で最高の票数を得て当選した。その原因をシヅエ自身が分析した文章。当時は大選挙区制で、東京都でも2つしか選挙区がなく、東京2区からは当選者が11人出たが、そのうちの6人を日本社会党が占めた。

4月11日

昭和天皇（しょうわてんのう／裕仁(ひろひと)／1901-1989）

政変があるか

御厨貴、岩井克己監修『昭和天皇最後の側近　卜部(うらべ)亮吾侍従日記』第1巻（朝日新聞社、2007年）

1971（昭和46）年4月11日、統一地方選挙が行われた。東京都知事選では革新系の美濃部亮吉が再選を果たし、大阪府知事選でも革新系の黒田了一が初当選した。4月12日、昭和天皇は侍従の卜部亮吾に「政変があるか」と尋ねた。敗戦後の天皇にとって、最大の恐怖は革命だった。その危惧は、60年代から70年代にかけて新左翼の活動が盛んになるとともに再燃したと思われるが、社会党や共産党の勢力が拡大して自民党政権が倒れることもまた心配の種だったことが、この一言からうかがえる。

4月12日

小原ミチ

（おばら・みち／1924？-不詳／夫が戦死した岩手県の未亡人）

…家の出はいりにその札を見る度に、そいつがだんだんに気にかかるようになって来たナス。「そうだ、こんなことでは駄目だじェな。もっとしっかりしなければ駄目だじェな」と思ったり、「なんとほんに馬鹿くせェ暮しだじェな。この札見る度にこんなにいつでも気を使わねばなんねェなんて」と思ったりしてナス。申し訳けねェ話だども、いっそ、この札が無い方がいい、と思ったりしたこともあったナッス。

「あれから二十年」（菊池敬一、大牟羅良編『あの人は帰ってこなかった』、岩波新書、1964年所収）

岩手県和賀郡横川目村（現・北上市）に住んでいた小原ミチは、夫の徳志が1944（昭和19）年4月12日にニューギニアで戦病死し、未亡人になった。敗戦直後に「戦死者の家」と書かれた立派な標札がつけられ、「遺族の人達は、国のために立派に命を捧げた家族の名誉を、傷つけねェように、その名誉さ恥じねェ暮しをするように」と言われた。ミチは再婚はおろか、農作業のため男手を頼むだけで男好きと陰口をたたかれた。役場や警察も助けてはくれなかった。「名誉」がかえって自由な生き方を阻んだと回想するのだ。

4月13日

東浩紀（あずま・ひろき／1971-／批評家、哲学者、ゲンロン創業者）

ネグリたちはマルチチュードの連帯を夢見た。ぼくはかわりに観光客の誤配を夢見る。マルチチュードがデモに行くとすれば、観光客は物見遊山に出かける。前者がコミュニケーションなしに連帯するのだとすれば、後者は連帯なしにコミュニケーションする。前者が（中略）私的な生を国民国家の政治で取りあげろと叫ぶのだとすれば、後者は（中略）私的な欲望で公的な空間をひそかに変容させるだろう。

『ゲンロン0　観光客の哲学』（ゲンロン、2017年）

東浩紀は、ネグリやハートが唱えたマルチチュードに観光客を対置させる。マルチチュードは超国家的なネットワークの力、具体的には民主化運動や反原発運動を意味する。誤配というのは、予期しないコミュニケーションの可能性のことだ。観光客は運動家とは異なり、連帯はしないがたまたま出会う人々と言葉を交わす。観光に関心を抱くきっかけは、2013（平成25）年4月のチェルノブイリ訪問だった。それ以来東は、デモの代わりに観光を組織している。そこに新たな政治思想の可能性を見出しているからだ。

4月14日

ルソー（1712-1778／フランスで活躍した政治哲学者）

…一般意志は決して代表されるものではない。（中略）人民の代議士は、だから一般意志の代表者ではないし、代表者たりえない。（中略）イギリスの人民は自由だと思っているが、それは大まちがいだ。彼らが自由なのは、議員を選挙する間だけのことで、議員が選ばれるやいなや、イギリス人民はドレイとなり、無に帰してしまう。

『社会契約論』（桑原武夫、前川貞次郎訳、岩波文庫、1954年）

1762年4月に出版された『社会契約論』の一節。ルソーは、代議制が普及してから人間の堕落が始まったとして、全員参加の直接民主制が行われていた古代の共和国を賛美する。「一般意志」は国家の成員全員による利己心のない共同の意志。この考え方が通用するのは、古代ギリシアの都市国家のような小さな国家に限られるはずだ。ここには明らかに無理がある。それでもルソーの代議制批判がなお説得力をもつのは、一人の人間が他の複数の人間にとって代わることのできない政治の本質に対する洞察が含まれているからだろう。

4月15日

コンスタン（1767‐1830／スイス出身のフランスの思想家）

古代の自由に関していえば、人びとは政治的権利を行使するために自分の時間と労力を捧げれば捧げるほどより自由になる、と感じておりました。われわれが受け入れるほうの自由は、政治的権利の行使が私的な快楽のために残してくれる余暇が多ければ、それだけ自由の価値が上がるということになります。

「近代人の自由と古代人の自由」（『近代人の自由と古代人の自由・征服の精神と簒奪　他一篇』、堤林剣・堤林恵訳、岩波文庫、2020年所収）

ここでコンスタンは、ルソーとは正反対のことを言っている。古代人の自由と近代人の自由を対比し、取るべきは後者だと言っているのだ。その自由を保証するのは代議制である。各人が持つべき権力を代表者に委任することで、人々は私的な快楽に時間をあてることができる。これこそが近代人の自由にほかならない。ただ同時にコンスタンは、快楽の追求にかまけるあまり、権力にあずかる権利をたやすく手放してしまう危険についても語っている。その警告は今日ますます真実味を帯びている。

4月16日

神近市子（かみちか・いちこ／1888－1981／婦人運動家）

この二つの事件で、たくさんの知人がやられた。私は日蔭茶屋の事件いらい、いっさいの社会運動とは手を切っていたが、この弾圧の嵐に対しては、恐怖以上に一種の義務の観念をかき立てられた。いろいろと救援の手をのばし、相談をうければ最後の一銭まで供出した。

『神近市子自伝　わが愛わが闘い』（講談社、1972年）

「二つの事件」とは、治安維持法により日本共産党が弾圧された1928（昭和3）年の3・15事件と29年の4・16事件を指す。神近市子は大杉栄との恋愛関係のもつれから神奈川県葉山の「日蔭茶屋」（現・日影茶屋）で大杉を刺した事件で有名になったが、社会主義への共感はもち続けた。そして弾圧された労働者や青年らに対して、原稿料や印税を供出して救援に当てた。このために家計は火の車になったという。あまり知られていない神近の一面だろう。

4月17日

辻井喬（つじい・たかし／1927－2003／小説家、セゾングループ代表、本名は堤清二）

それにしても、集っていた青年たちの表情がいかにも暗いように思われたのは何故なのだろうとよく思い返した。僕の胸の中なる理想郷に大きな疑問が湧いてきたのが、この第一回のソビエト旅行であった。

『叙情と闘争』（中公文庫、2012年）

1967（昭和42）年4月17日から羽田とモスクワの間に定期航空便の運行が始まったのに伴い、堤清二＝辻井喬は初めてソ連を訪れた。辻井は東大時代に日本共産党の党員となり、党を除名されてからも社会主義を信奉していた。それは親米反ソを貫いた父の堤康次郎に対する反発でもあった。スターリンの粛清など社会主義とかけ離れたソ連の実態に対する批判が高まっても、辻井は実際に訪れるまでソ連を理想郷ととらえていたことになる。西武百貨店社長という肩書きをもちながら、この認識はきわめて反資本主義的だったといえる。

4月18日

ヴィクトール・E・フランクル（1905-1997／オーストリアの精神科医）

解放後数日経って、ある日広い野原を越え、花咲く平野を通って、数キロも遠く、収容所の廻りの町の方へ歩いて行く、雲雀（ひばり）があがり、高い所でただよい、空一杯響くその讃歌と歓呼が聞える。周囲には一人の人間も見えない。廻りには広い天と地と雲雀の歓呼と自由な空間があるだけである。その時、この自由なひろがりに進んで行くのをやめ、立ち停まりそして天のきわみを見上げる……そして跪（ひざまず）く。

『夜と霧』（霜山徳爾訳、みすず書房、1971年）

1945年4月、フランクルはドイツ・バイエルンのテュルクハイム強制収容所から米軍により解放され、奇跡的に生還した。収容所の廻りをあてもなくさまようち、フランクルは「神」に遭遇して跪いた。「この狭きよりわれは主を呼び、主はわれに広き自由の中に答え給う」。ずっと求め続けてきた「神」についに出会ったと確信したとき、フランクルは「自由」とは何かを初めて悟ったのだ。この「自由」という概念は、西洋政治思想史のなかでもきわめて特異なものではないか。

4月19日

市川房枝（いちかわ・ふさえ／1893-1981／婦人運動家、参議院議員）

支那の婦人の中には、二十歳位でもハッキリした政治意識を持つてゐる知識階級が沢山ゐます。かうした支那の若いインテリ女性と日本の知識階級の婦人とが、女は女同士しつかり手を握り合つて、支那と日本との間の争ひは今度が最後で、もう之(これ)以上は一切しない。東亜の新秩序建設の為に支那側の婦人と日本側の婦人がお互に努力する事が必要だと思ひます。

「新支那の女性——市川房枝女史に聴く会」（『東京朝日新聞』1940年4月19日）

市川房枝は、日中戦争が続いていた1940（昭和15）年2月から4月にかけて中国（中華民国）を訪問し、中国人女性と対話した。そこで発見したのは、彼女らは家庭内での権力が強く、日本人女性を奴隷と思っていて、若い女性でも政治的な意見をズバズバ言う現実だった。中国よりも近代化に成功したと思っていた日本のほうが実は遅れている。市川は表向き日中の女性の協力を呼びかけつつ、こうした深刻な反省を迫られたのではなかったか。

4月20日

後藤新平

（ごとう・しんぺい／安政4（1857）－1929／初代満鉄総裁、鉄道院総裁、東京市長、帝都復興院総裁）

今や日本の政界は、利欲と権勢との為めに相結ぶところの私党に壟断せられて、その権勢は、ローマ法王のごとく盛んであるとしても、天下正義の士が、その志を一にして立つならば、不義の団結は、朽木の如く仆れるに違いない。我輩のごときは、その雄大なる国民精神作興の口火を切る役を演ぜんとするに過ぎないのであります。

鶴見祐輔『〈決定版〉正伝・後藤新平』8（藤原書店、2006年所収）

1926（大正15）年4月20日、後藤新平は東京の青山会館で「政治の倫理化運動」のための第一声をあげた。当時は政党政治が確立され、若槻礼次郎内閣のもとで憲政会が与党、立憲政友会と政友本党が野党だった。しかし政党に属していなかった後藤が見るところ、どの政党も「利欲と権勢」にまみれた「私党」にすぎず、これを改めるためには「国民精神」を奮い立たせ、政治を倫理化しなければならなかった。このような後藤の認識は、政党を腐敗堕落の元凶と見た昭和初期の超国家主義者に通じるものがある。

4月21日

ケンペル（1651-1716／江戸時代の日本に滞在したオランダ商館付のドイツ人医師）

…数枚の畳が敷いてある高くなった所に将軍が、体の下に両足を組んで坐っていたが、その姿がよく見られないのは、十分な光がそこまで届かなかったし、また謁見があまりに速く行なわれ、われわれは頭を下げたまま伺候し、自分の顔をあげて将軍を見ることが許されぬまま、再び引下がらなければならないからである。

『江戸参府旅行日記』（斎藤信訳、平凡社東洋文庫、1977年）

ケンペルは、元禄4（1691）年3月29日と5年4月21日、24日に江戸城本丸御殿に登城して将軍の徳川綱吉に謁見することを許された。だが実際には、綱吉と十分に言葉を交わすことも、姿をはっきりととらえることもできないまま、すぐに引き下がらなくてはならなかった。最高権力者は姿を見せないことによって「御威光」を演出する。その演出はオランダ使節や朝鮮通信使のような外国人に対しても適用されたのだ。

4月22日

落合直亮（おちあい・なおあき／文政10（1827）-1894）／国学者

不幸ニシテ此言世ニ行レナバ我恐〔ル〕ラクハ吾国体ヲ乱ル者ハ出雲教会ヨリ出ン ことヲ。

「神道要章辨」（無窮会専門図書館所蔵）

1880（明治13）年7月、伊勢神宮の禰宜、落合直亮は、出雲大社の大宮司、千家尊福の「此言」を批判した。千家はオオクニヌシの神徳を強調するあまり、この国を治めていた同神がアマテラスの孫のニニギに国を譲ったとしている。だが天孫降臨は、オオクニヌシが生まれる前から決まっていた。「此言」は大義名分を危うくするものであり、「国体」を乱すことにつながるのだ。1925（大正14）年4月22日公布の治安維持法で「国体」が法律用語として登場するはるか以前に、「反国体」のレッテルをはられた人物がいたことになる。

4月23日

宮城巳知子（みやぎ・みちこ／1926-2015／沖縄戦で「ずゐせん学徒隊」の一員として従軍）

天皇陛下の御為と国の為に死ぬ事が日本人の美徳と教えられ、女性でも戦死したならば靖国神社に神として祀られ、崇がめられると、信じて疑わず、純粋にひたすら負傷兵の看護に当り、（中略）負傷兵を二人一組で担ぎ撤退し行く道中、戦場の弾雨に叩かれ、六十二師団野戦病院の衛生兵と共に奮闘致しました（中略）生き証人は黙っている事が出来ません（後略）

「嘆願書」（梯久美子『百年の手紙』、岩波新書、2013年所収）

1993（平成5）年4月23日、天皇明仁（現上皇）と皇后美智子（現上皇后）が即位後初めて沖縄県を訪れた。天皇と皇后は皇太子（妃）時代に「ひめゆりの塔」を訪れても、首里高等女学校の「ずゐせん学徒隊」の慰霊塔を訪れたことはなかった。学徒隊61人のうち33人が沖縄戦で亡くなったが、奇跡的に生き残った宮城巳知子は、天皇と皇后に「ずゐせんの塔」も見るよう嘆願書を提出した。二人は車で塔の前を通り、車内で瞑目した。沖縄ではまだ戦争が過去にはなっていなかった。

4月24日

小田実（おだ・まこと／1932-2007／作家、ベ平連代表）

…大阪の集会の場合、必ず（と言っていいほど）、前列かどこかに冷たいさめた眼をして聞いている、聞きながら「言うとる、言うとる」というぐあいにしゃべり手の自分を見ている初老、中年のオッサン——オッサンとしか言いようのない男がいるものだ。（中略）そういうオッサンはたいていの集会に来ていて、ともすれば宙空に舞い上ろうとするしゃべり手の足をいやおうなしに地に着けさせた。

「『梅田の地下街』と『ハンパク』」（『小田実全集　評論』20、講談社、2012年）

1965（昭和40）年4月24日に「ベ平連」（ベトナムに平和を！市民文化団体連合）が発足して以来、全国を回った小田実は、自らも生まれ育った大阪での集会に、東京や他の地方と異なる特徴を発見した。絶対にその場の空気に酔うことがなく、話の内容を冷静に判断するリアリズムの力をもつ「オッサン」がいたというのだ。大阪で漫才芸が発展したのは、この冷めた眼があったからこそだったのではないか。それゆえに小田は、全国で最もしゃべりにくいとともにしゃべることに挑戦的だった場所は大阪だとしている。

4月25日

北畠親房（きたばたけ・ちかふさ／正応6（1293）-文和3（1354））／南朝の廷臣

第十五代、神功皇后は息長の宿禰の女、開化天皇四世の御孫なり。息長足姫の尊と申す。

『神皇正統記』（岩佐正校注、岩波文庫、1975年）

北畠親房は、神武から後村上までの各天皇の事績を略述した『神皇正統記』で、応神天皇の摂政として69年余にわたり天下を治めた神功皇后を、「第十五代」として天皇と同格にした。1924（大正13）年4月25日、皇室制度の調査機関である帝室制度審議会は、宮内大臣に3点の諮問事項を答申したが、その一つは「神功皇后ヲ皇代ニ列スヘキヤ否〔ヤ〕」だった。神功皇后を天皇とすべきか否かは、大正末期まで確定していなかったのだ。最終的には天皇から外されたため、15代天皇は神功が生んだ応神天皇となり、神功が治めた69年余は天皇のいない空位期間となった。

4月26日

ダグラス・マッカーサー（1880－1964／米国の陸軍軍人、連合国軍最高司令官）

私は日本を訪れるキリスト教宣教師たちに機会あるごとに、いかに宣教師の活動が日本に必要であるかを強調した。日本に来る宣教師ができるだけふえ、日本にいる占領軍はできるだけ減ることがのぞましい、と私はよくいったものである。ポケット版聖書連盟は私の要請で一千万冊の日本語の聖書を配布した。占領期間中に、日本には徐々にではあったが、はっきり精神的な衣がえがはじまってきた。

『マッカーサー大戦回顧録』下（津島一夫訳、中公文庫、２００３年）

昭和天皇は、天皇を在位させておくほうが占領政策を円滑に進められるという政治的理由から退位を封じられた。退位することで責任をとるという道はふさがれたのだ。占領期の天皇はキリスト教に接近し、皇后とともに１９５０（昭和25）年4月26日まで聖書の講義を定期的に受けていた。もし天皇が、退位以外の責任の取り方として神道を捨て、キリスト教に改宗したいと言ったら、マッカーサーは日本が精神的に全面転換したことの証として歓迎したに違いない。

4月27日

清少納言（せいしょうなごん／生没年不詳／歌人、随筆家、一条天皇の皇后・藤原定子に仕えた女房）

行幸にならぶものは、何かはあらむ。御輿に奉るを見たてまつるには、明け暮れ御前に候ひつかうまつるともおぼえず、神々しくいつくしういみじう、常は何とも見えぬなにつかさ、ひめまうち君さへぞ、やむごとなくめづらしくおぼゆるや。

第２０６段「見物は」（『新編日本古典文学全集18　枕草子』、小学館、１９９７年）

正暦５（９９４）年４月27日、一条天皇は平安宮内裏を出て、正庁である朝堂院（八省院）に向かった。清少納言は、外出する天皇の鳳輦や葱花輦をしばしば見た。乗り物のきらびやかさが、それに乗っている天皇の神々しさや尊さを演出する。そうすると、ふだんは目にとまらない女官たちも、ただ同行するだけで高貴に見えてくる。清少納言はこの時点で、フェティシズムによる支配の特徴を的確にとらえていた。

4月28日

鴨長明（かものちょうめい／久寿2（1155）‐建保4（1216）／歌人、随筆家）

去安元三年四月廿八日かとよ、風はげしく吹きて、しづかならざりし夜、戌の時許、都の東南より火出で来て、西北にいたる。はてには朱雀門、大極殿、大学寮、民部省などまで移りて、一夜のうちに塵灰となりにき。（中略）

人のいとなみ皆おろかなるなかに、さしもあやふき京中の家をつくるとて、たからをつひやし、心をなやます事は、すぐれてあぢきなくぞ侍る。

『方丈記』（蜂飼耳訳、光文社古典新訳文庫、2018年）

安元3（1177）年4月28日に京都で起こった大火災を、鴨長明は実際に体験した。平安宮（大内裏）の主な建物はすべて焼け、中国の太極殿をモデルとして天皇の即位式などが行われてきた大極殿も焼けたまま、再建されなかった。それは太極殿のような、天皇の支配の正統性を誇示する大掛かりな空間をもはや必要としなくなったことを示していた。だが鴨長明に言わせれば、すべてが変転するこの世の中で永続的な建物を築こうとする試み自体が愚の骨頂なのかもしれない。

4月29日

小松左京（こまつ・さきょう／1931－2011／作家）

東京とともにほろび去った天皇制について、人々はさしたる感慨を抱いていないようだった。四月二十九日の国民祝日に代って、四月二十八日が「Oの日」として、国民的記念日にきめられ、この日は各地で物体Oのために死んで行った人々が〔の〕霊をとむらう祭典が行われた。

「物体O」（東浩紀編『小松左京セレクション1　日本』、河出文庫、2011年所収）

小松左京のSF小説の一節。196X年4月28日、「物体O」と呼ばれる環状の巨大な壁が日本列島のうえに突然出現し、東日本一帯や九州の一部が押しつぶされて中央政府がなくなり、主に西日本の府県からなる臨時政府ができた。翌年2月10日に物体Oは突然消えたが、天皇制が復活することはなかった。昭和天皇の誕生日である4月29日に代わり、4月28日が記念日となった。自らも関西人である小松は、西日本では天皇制がなくても国家を築くことができると考えていたことがうかがえる。

4月30日

新居格（にい・いたる／1888－1951／評論家、アナキスト）

駅頭が広場であってほしいのは、そこを人民討論場であらしめたいからだ。人々は集まって機智と理性の討論会たらしめ、選挙のときなどは意見発表の場所とも出来るからである。どうしても広場と大通りが要るのだ。現に、杉並の中心となろうとする傾向のほの見えるのは荻窪北口である。

『杉並区長日記　地方自治の先駆者・新居格』（紅霓社、2017年）

1947（昭和22）年4月30日に行われた戦後初めての公選選挙で杉並区長となった新居格は、区の中心たるべき中央線の荻窪駅北口に広場を整備し、ここを「人民討論場」にしようとした。当時は宮城前（現・皇居）広場でしばしば集会が開かれていたとはいえ、地方自治の中心に広場を据え、古代ギリシアのアゴラのような空間をつくろうとする発想は斬新だった。だが政治の現実は新居の理想からはるかに隔たっていた。新居はそれから一年後の48年4月、区長を辞任する。

5
月

5月1日

マーク・ゲイン（1902-1981／米国人ジャーナリスト、敗戦直後の日本に滞在）

…いちばん大きなそしていちばん長い歓呼がおこったのは、徳田が両手を高く上げて「天皇を打倒しろ！」をどなったときだった。

『ニッポン日記』（井本威夫訳、ちくま学芸文庫、1998年）

戦後初のメーデーとなった1946（昭和21）年5月1日には、約50万人が宮城（現・皇居）前広場に集まった。このとき、GHQによって獄中から解放されて間もない日本共産党書記長、徳田球一が演壇に上り、主食配給の不足や労働者の困窮などを語った末、本丸の天皇制に切り込んだ。マーク・ゲインは、それまで天皇制を支える最大の政治空間だったはずの広場が、反対に天皇制打倒を叫ぶ最大の政治空間へと変容した瞬間を、鮮やかにとらえている。

5月2日

石原莞爾（いしはら・かんじ／1889－1949／関東軍参謀、満州事変首謀者）

…日本が万一満州より全面的に退却したならば、（中略）当時すでにソ支紛争においても認められたごとく漸く極東に復活し来れるソ連の満州進出となり、その伝統の政策にかんがみまして、もし満州にソ連が進出し赤化の策源となりましたならば、満州の治安の確立を得ざるのみならず、日本自体がその国防を全うし得ず支那もまた国防上重大な関頭に立つものといわざるを得ませんでした。

「極東国際軍事裁判酒田法廷記録」（『石原莞爾選集7　新日本の建設』、たまいらぼ、1986年所収）

1947（昭和22）年5月1日と2日に山形県の酒田に出張して開かれた東京裁判の法廷に、石原莞爾が出廷した。石原は戦犯の指名からは外れたが、病床にあったため故郷で自らの軍事行動を証言した。東京裁判に出廷したA級戦犯たちとは対照的に、石原は満州事変の正当性を堂々と主張し、もし日本が満州から退却していたらソ連が満州を侵略し、共産主義化したとする。石原が唱える日本と米国の世界最終戦に勝つためには、それはあってはならないことだったのだ。

5月3日

丸岡秀子（まるおか・ひでこ／1903 - 1990／評論家）

　息子が、

「何としても第九条だね。僕にとっては」

と言うと、明子は、

「わたしは、まず第二四条よ。結婚は両性の合意のみに基づいて成り立つという条文よ。これこそほんとう。これでいかなくては」

と主張した。


『声は無けれど』（岩波書店、1987年）

日本国憲法ができたとき、丸岡秀子は息子の小学校のＰＴＡに参加して憲法を読む時間をつくるとともに、家庭でも読んだ。どの条文にひかれたかを聞くと、息子と娘で答えが違った。秀子は娘の明子が9条よりも24条を挙げたことに共感した。女性への差別と闘い続けてきたと自負する秀子にとって、24条は新しい憲法をただありがたがるのではなく、その憲法にふさわしい生活を築くための大切な手掛かりにほかならなかった。

5月4日

柳田國男（やなぎた・くにお／1875－1962／民俗学者）

日本はつまり風景のいたって小味な国で、この間を走っていると知らず識らずにも、この国土を愛したくなるのである。旅をある一地に到着するだけの事業にしてしまおうとするのは馬鹿げた損である。

「旅人の為に」（『柳田國男全集』2、ちくま文庫、1989年所収）

1934（昭和9）年5月4日、千葉県観光協会の講演で、柳田國男は鉄道の絶景区間をいくつか挙げながら、愛国心について述べた。英語で言えばパトリオティズム。それは抽象的な国家を愛するナショナリズムとは異なり、車窓から見える風景を愛する具体的な感情に根差している。だが鉄道の高速化は、風景を見えなくする。全国に新幹線やリニアが開通すればするほどパトリオティズムは衰退し、ナショナリズムにとって代わられる。まさに「馬鹿げた損」である。

5月5日

佐多稲子（さた・いねこ／1904-1998／作家）

〝隣組〟ってのが、まず権威主義。組長さんがたいへん偉い。男はみんな軍隊にとられたから、人手が足りなくなる。すると汲取屋（くみとりや）さんが威張るの。集金人さんも威張るの。電燈会社の従業員も威張るの。みんな威張るのね。（中略）そんなふうにみんながなっていく。あれは不思議な空気ですよ。戦争になったときのああいう空気、国民総動員なんてことになると、なんだかみんながそういうふうに威張り始める。

『年譜の行間』（中公文庫、1986年）

1938（昭和13）年5月5日、国家総動員法が施行された。14日には東京で初めて隣組がつくられた。その実態を佐多稲子が描いた文章。「国民総動員」という言葉が一人歩きし、自分は総動員体制に協力していると思い込んでいる人間が、そうでないと見なした人間に対して威張る。戦時中のこうした空気を、佐多は実感を込めて「不思議な空気」と呼ぶ。だがそれは戦時中に限った話ではない。コロナ禍が戦争にたとえられ、「自粛警察」と呼ばれる現象が起こったことはまだ記憶に新しい。

5月6日

福沢諭吉（ふくざわ・ゆきち／天保5（1835）-1901／思想家、教育者）

…選挙法とは如何な法律で議院とは如何な役所かと尋ねると、彼方の人はただ笑っている、何を聞くのかわかり切ったことだというような訳け。ソレが此方ではわからなくてどうにも始末が付かない。また、党派には保守党と自由党と徒党のようなものがあって、双方負けず劣らず鎬を削って争うているという。何のことだ、太平無事の天下に政治上の喧嘩をしているという。

『新訂　福翁自伝』（岩波文庫、2008年）

福沢諭吉は1862年5月5日から6月11日にかけてロンドンに滞在した。英国ではすでに議会政治が定着し、保守党と自由党という二大政党があったが、幕末の日本人はまだ議会も政党も選挙も知らなかった。そのギャップが生き生きと描かれている。福沢にとっては、なぜ太平の世にわざわざ「政治上の喧嘩」をしなければならないのかわからなかったのだ。しかしこの感覚は、なぜ野党は与党に対していちいち嚙みつくのかという、現在の少なからぬ日本人の感覚につながるものがある。

5月7日

孔子（こうし／前551頃‐前479／春秋時代の思想家）

子曰わく、之れを道びくに政を以ってし、之れを斉うるに刑を以ってすれば、民免れて恥じ無し。之れを道びくに徳を以ってし、之れを斉うるに礼を以ってすれば、恥じ有りて且つ格る。

『論語』上（吉川幸次郎監修、朝日文庫、1978年）

巻第一為政第二の一節。原文は漢文。書き下し文は朱子の注釈による。孔子の政治観がよく表れている。法律で民を規制しようとすると、民はそこから免れることばかりを考える。しかし「礼」、すなわち美しい行動様式によって民を感化すれば、民のなかに恥じる心が起こり、正しい道へと至るものだ。前者は言葉による統治、後者は言葉によらない統治を意味する。古代ギリシア以来、ロゴス（言葉）を政治の中核に据えてきた西洋とは異なり、孔子は後者の統治のほうがすぐれているとした。

5月8日

孟子（もうし／前372頃－前289頃／戦国時代の儒家）

…仁を賊う者之を賊と謂い、義を賊う者之を残と謂う、残賊の人は、之を一夫と謂う、一夫紂を誅せるを聞けるも、未だ〔其の〕君を弑せるを聞かざるなり。

『孟子』上（小林勝人訳注、岩波文庫、1968年）

巻第二梁恵王章句下の一節。原文は漢文。紂は中国古代の国家である殷の王で、周の武王に討伐された。孟子はこの討伐を正当化する。なぜなら、王が儒教の徳である「仁」や「義」を失えば、もはや「一夫」、つまりただの男でしかなくなるからであり、臣下が主君を殺したことにはならないからだ。これがいわゆる儒教の革命思想である。『孟子』を乗せた船が日本に近づくと沈没すると言われたのは、このような王朝の交代を正当化する一節が含まれていたからだ。

5月9日

山川均（やまかわ・ひとし／1880‐1958／社会主義理論家、山川菊栄の夫）

どの新聞にも超特別の大きな文字で「不敬漢」「非国民」「国賊」などという言葉がならんでいた。有ること無いこと、過去の思想や行状などが、おひれをつけて仰々しく書き立てられ、なかにはすっかり気ちがいにきめてしまっているのもあった。

『山川均自伝』（山川菊栄、向坂逸郎編、岩波書店、1961年）

1900（明治33）年5月10日、皇太子嘉仁（後の大正天皇）と九条節子（さだこ）（後の貞明皇后）が結婚した。山川均は、友人とともに発行していた雑誌で、この結婚を節子の意に反した強制によるものとして批判する記事を前日の5月9日に出した。子供が産めるかどうかが最優先されたこの結婚は確かに政略的な意味あいがあったが、記事は国民全体が祝うべき「御慶事」に水を浴びせるものとして、初めて刑法の不敬罪の適用を受けた。これ以降、皇室の「御慶事」に公然と異を唱える言説は影をひそめるようになる。

5月10日

坂口恭平（さかぐち・きょうへい／1978-／建築家、作家）

僕は、逃げるべきだと知りながら言わない政府というのはもはや政府ではないと認定した。つまり、現在は無政府状態なのである。政府がないのはまずいから、僕のほうで一つつくってみようとしたまでだ。

そんなわけで二〇一一年五月十日に「新政府」を設立した。そして、自分で始めたのだから責任をとって「新政府初代内閣総理大臣」に就任した。勝手にね。

『独立国家のつくりかた』（講談社現代新書、2012年）

2011（平成23）年3月11日に起こった東日本大震災に伴う原発事故の直後、当時の菅直人内閣は天皇を京都以西に避難させようとした。海外に避難した国会議員の家族もいた。だが国民に対しては、「直ちに影響はない」という説明を繰り返した。不信感をもった坂口恭平は、それから2カ月後の5月10日、熊本市で「新政府」の樹立を宣言し、一戸建ての家を「首相官邸」にして東日本から逃れてくる人たちの避難所にした。内乱罪が適用されないよう、坂口はこの活動を「芸術」と称している。

5月11日

アンネ・フランク（1929-1945／ユダヤ系ドイツ人少女）

…火曜と水曜の夜に、わたしたちの敬愛する女王様がラジオで国民に呼びかけられました。目下、オランダ帰国のときにそなえて、健康維持のために休暇をとっておいでだとのこと。お話のなかで、女王様は、〝近い将来〟、〝帰国したあかつきには〟、〝急速な解放〟、〝ヒロイズム〟、あるいは〝重荷を背負って〟といった表現をお使いになりました。

『アンネの日記　増補新訂版』（深町眞理子訳、文春文庫、2003年）

1944年5月11日の日記。オランダにいたアンネ・フランクは、英国に亡命していた女王ウィルヘルミナのラジオ放送を聴いた。当時のオランダはナチス・ドイツに占領され、亡命政府がロンドンにあった。女王は国民を励まし、近い将来のドイツからの解放を約束した。終戦までラジオで肉声が流れることのなかった天皇とは対照的である。アンネはオランダを祖国と見なしていたが、同年8月4日に逮捕され、45年に収容所で死去した。

5月12日

岡倉天心

（おかくら・てんしん／文久2（1863）-1913）
／美術評論家、思想家。本名は覚三

西洋人は、日本が平和な文芸にふけっていた間は、野蛮国と見なしていたものである。しかるに満州の戦場に大々的殺戮を行ない始めてからは文明国と呼んでいる。近ごろ武士道——わが兵士に喜び勇んで身を捨てさせる死の術——について盛んに論評されてきた。しかし茶道にはほとんど注意がひかれていない。

『茶の本』（村岡博訳、岩波文庫、2007年）

1906（明治39）年5月にニューヨークで出版された本の一節。原文は英語。日清、日露戦争で日本が勝利すると、西洋は日本を文明国と見なすようになり、新渡戸（にとべ）稲造の『The Soul of Japan』（武士道）が日本の勝利に衝撃を受けた西洋人に読まれるようになった。しかし岡倉天心に言わせれば、彼らが「東洋の珍奇、稚気」と見なす茶道のなかにこそ東洋の真髄がある。戦争をしなければ文明国になれないなら、むしろいつまでも野蛮国のままでいればよい。天心はこう西洋人に言ってのけた。

5月13日

毛沢東（もう・たくとう／1893-1976／中国共産党の指導者、中華人民共和国を建国）

山岳地帯が根拠地建設に有利なことは、だれでもよく知っており、すでに建設された、もしくは建設中の、また、これから建設されようとしている長白山、五台山、太行山、泰山、燕山、茅山などの根拠地は、いずれもこれにあたる。これらの根拠地は、抗日遊撃戦争をもっとも長期にわたって維持できる場所であり、抗日戦争の重要な砦である。

「抗日遊撃戦争の戦略問題」（『抗日遊撃戦争論』、小野信爾他訳、中公文庫、2014年所収）

日中戦争の最中に当たる1938年5月、毛沢東はこの戦争に勝利するために中国共産党の解放区に当たる根拠地を建設することの重要性について説いた。山岳地帯、平原地帯、河川・湖沼地帯のうち、最も有利なのは山岳地帯である。毛沢東のこうした思想は、50年代前半に全国の山岳地帯に「山村工作隊」を送り込んだ日本共産党や、60年代から70年代にかけて関東や山梨の山岳地帯を革命の拠点にしようとした新左翼のセクトに多大な影響を与えた。

5月14日

吉田松陰（よしだ・しょういん／文政13（1830）‐安政6（1859）／長州藩士／松下村塾を主宰）

何卒　天朝に於て　神功皇后以来の真の雄略を御鑑み遊ばされ、墨夷の撻伐を仰せ出され候はば、精忠義憤の人々は撻伐の愉快に大気を伸ばし、材臣智士は又雄略を喜び、天下の人心一朝に　天朝に帰向　仕るべく候。左候はば幕府諸藩一人も不服は之れある間布く存じ奉り候。

「愚論」（奈良本辰也『吉田松陰著作選』、講談社学術文庫、2013年所収）

安政5（1858）年5月上旬に記され、孝明天皇に謹呈されたとされる吉田松陰の意見書の一節。「墨夷」は米国、「撻伐」は討伐。朝廷が日米修好通商条約の調印を拒絶する姿勢を示したことを知り、松陰は天皇に米国を討伐する命令を下すよう求めた。その際に松陰が言及したのが、神功皇后の三韓征伐だった。孝明天皇の米国討伐は、神功皇后以来の「雄略」と位置づけられたのだ。太平洋戦争（日米戦争）よりもはるか以前に、三韓征伐がよき前例として想起されていたことになる。

5月15日

ジョン・ロック（1632-1704／イギリスの哲学者）

法が侵犯されて他人に害が及ぶ場合には、どこにおいても、法が終わるところ、暴政が始まる。権威の座にある者で、法によって与えられた権力を超え、自由に使える実力を利用して法が容認しないことを臣民に押しつける者は誰でも、そのことによって為政者であることをやめ、権威なしに行動する者として、暴力によって他人の権利を侵害する他の者の場合と同様に抵抗を受けることになるであろう。

『完訳　統治二論』（加藤節訳、岩波文庫、2010年。傍点原文）

この引用文で重要なのは、「どこにおいても」である。下級の行政官が家に無理やり押し入ろうとする場合だろうが、一国の君主が不正・不法な暴力を用いて法に反したことを臣民に押し付けようとする場合だろうが、等しく「暴政」と見なされ、抵抗権が正当化される。2020（令和2）年5月15日、第2次安倍晋三政権による特例人事を認めるための検察庁法改正案に反対するため、元検事総長らが提出した意見書には、まさに傍点が付された箇所が引用されていた。

5月16日

原敬（はら・たかし／安政3（1856）－1921／立憲政友会総裁、第19代首相）

…今回の行啓に付ては真に千載の一遇として人民の喜び譬ふるに物なし、従来内閣員の巡回も少く、西郷内相以後昨年松岡農相一寸赴きたりしも其後は余を以て始めとなす、人民の歓迎最も盛んにして殊に甚しきは両手を合せて余を拝するものあり、途上に土下座する者あり、内閣員に対してすら此くの如き次第なれば殿下の行啓に際しては其情況想ふべし（後略）

『原敬日記』第3巻（乾元社、1951年）

1907（明治40）年5月16日、皇太子嘉仁（後の大正天皇）の京都府北部、鳥取県、島根県訪問に先立ち、内務大臣の原敬が実地検分から帰京して記した日記の一節。この地方では天皇や皇族はもちろん、首相や閣僚の訪問もきわめて少なかった。原は各地で受けた「人民の歓迎」を、驚きを込めて記している。政府の閣僚に対して無条件で土下座するなら、皇太子が訪れたときには一体どうなるのか。原の政治家としてのリアリズムは、こうした体験から培われたのだ。

5月17日

高井としを（たかい・としを／1902-1983／労働運動家、『女工哀史』の著者・細井和喜蔵の事実婚上の妻）

それからは、仲間の小母さんたちは私をこわい者だ、赤だ、非国民だといって、近よらないようにするので、とりつくしまもない毎日でした。ああレッドパージがうらめしい。なにも知らない小母さんたちまでが、労働組合は赤で首切られるものと思いこんでいる。

『わたしの「女工哀史」』（岩波文庫、2015年）

高井としをは、戦後に兵庫県の伊丹で5人の子供を育てながら、失業対策事業に就労する失対労働者として日雇い労働を続けた。だが日給は160円にしかならないことに納得できず、労働組合をつくって賃上げを要求することを提案した。GHQの方針転換により日本共産党員とその支持者が解雇される「レッドパージ」が進むと、労働組合のイメージは悪化し、高井は同性からも「赤」「非国民」と陰口をたたかれた。それでも地道に努力を重ねた末、1951（昭和26）年5月17日に伊丹自由労働組合が誕生し、高井が委員長になった。

5月18日

岸田俊（きしだ・とし／文久3（1863）-1901／女性弁士第一号といわれた演説家）

人間世界は男女をもて成りたるものにて、男子のみにて世の中を作るべからず。社会一日女子無くば人倫は滅び国は絶ゆるに至るべし。且つ其の霊魂より四肢五官に至る迄男女均しく自然の固有を得て完備らざる所なく、（中略）所謂同等同権のものと云うべし。

「同胞姉妹に告ぐ」（総合女性史研究会編『史料にみる日本女性のあゆみ』、吉川弘文館、2000年所収）

自由党の星亨が創刊した新聞『自由燈』1884（明治17）年5月18日に掲載された文章の一部。日本で初めて女性が男女同権を公然と唱えた文章とされている。しかし言うまでもなく、知識人を含めた男性がこうした女性の主張に耳を傾けることはほとんどなかった。それどころか1890年には集会及政社法が制定され、演説を含めて女性の政治活動がいっさい禁じられる。

5月19日

北条政子（ほうじょう・まさこ／保元2（1157）-嘉禄元（1225）／鎌倉幕府初代将軍・源頼朝の正室、「尼将軍」と呼ばれた）

…故右大将軍朝敵を征罰し、関東を草創してより以降、官位と云ひ、俸禄と云ひ、其恩既に山岳よりも高く、溟渤よりも深し、報謝の志浅からんや、而るに今逆臣の讒に依りて、非義の綸旨を下さる、名を惜しむの族は、早く秀康、胤義等を討取り、三代将軍の遺跡を全うす可し

龍粛訳注『吾妻鏡』4（岩波文庫、1941年）

「故右大将軍」は源頼朝、「溟渤」は海。北条政子のリーダーシップは、承久3（1221）年に後鳥羽上皇が挙兵した承久の乱に際していかんなく発揮された。同年5月19日、政子は頼朝が朝敵を征伐し、鎌倉に幕府を開いて以来の恩を強調するとともに、道理に背いた上皇の命令が下される原因をつくった逆臣の藤原秀康や三浦胤義らを討ち取り、源氏三代の将軍（頼朝、頼家、実朝）の恩義にこたえるよう北条方の軍勢を鼓舞した。3日後の5月22日には、軍勢が京に向けて出発する。女性権力者の演説の効果は絶大だった。

5月20日

丸山眞男（まるやま・まさお／1914-1996／政治思想家）

政治行動というのは政治の世界に「出家」しなければできないものではありません。もし政治活動を政治家や議員のように直接政治を目的とする人間、あるいは政党のように直接政治を目的とする団体だけに限ったら、その瞬間からデモクラシーというものは死んでしまいます。

「現代における態度決定」（『〔新装版〕現代政治の思想と行動』、未來社、2006年所収。傍点原文）

60年安保闘争が熱を帯びていた1960（昭和35）年5月3日の憲法問題研究会における丸山眞男の講演の一節。丸山は安保闘争を、戦後の日本にデモクラシーが確立されるかどうかの試金石と見なし、日米安保条約の改定を進める政府に対抗する市民の活動を「在家仏教」にたとえた。政治を職業としない人間の政治活動によってこそデモクラシーは保たれるとしたのだ。5月20日未明に新安保条約が衆院で可決・承認されたことは、この観点からすればデモクラシーの死を意味した。

5月21日

織田信長（おだ・のぶなが／天文3（1534）－天正10（1582）／尾張国の武将、戦国大名

とにもかくにも我々を崇敬候て、影後にてもあだに思ふべからず、我々あるかたへは、足をもささざるやうに心もち簡〔肝〕要候、その分に候へバ、侍の冥加有て長久たるべく候、分別専用の事

「越前国掟」（笠谷和比古『信長の自己神格化と本能寺の変』、宮帯出版社、2020年に掲載）

天正3（1575）年5月21日、織田信長は長篠の合戦で圧勝した。8月には越前国の一向一揆を武力討伐し、同国の支配を委ねた柴田勝家に「越前国掟」を授与した。引用したのはその結論部。信長は、私を尊崇し、私の姿が見えないところでも粗略に思ってはならない、私のいる方向には足を向けないようにするという心持が重要だ、そうすれば侍としての成功がもたらされるなどと言い放っている。鉄砲を使った長篠の合戦の勝利が、信長の存在を神格化させたのだ。

5月22日

アーネスト・サトウ（1843-1929／イギリスの外交官）

…動かれるたびに私にはお顔がよく見えた。多分化粧しておられたのだろうが、色が白かった。口の格好はよくなく、医者のいう突顎（プラグナサス）であったが、大体から見て顔の輪郭はととのっていた。眉毛はそられて、その一インチ上の方に描き眉がしてあった。衣裳は、うしろへたれた長い黒色のゆるやかな肩衣（ケープ）に、マントのような白い長袍（ガーメント）、それに紫色のゆるやかな長袴（トラウザー）であった。

『一外交官の見た明治維新』下（坂田精一訳、岩波文庫、1960年）

慶応4年閏（うるう）4月1日、すなわち1868年5月22日、イギリス公使館の一行が大坂（現・大阪）の本願寺津村別院で、満15歳の明治天皇に謁見した。天皇は広間の奥に座っていて、その上には天蓋があったが、天皇が起立しても顔は見えた。江戸時代の将軍ならば、外国人の前で身体を見せることはあり得なかった。だがサトウが見た天皇の姿は、まだ江戸時代と同じく中性的で、運動するには不向きの和装姿のままだった。東京に移るとともに、天皇は軍事的なシンボルにふさわしい恰好へと大きく変わっていった。

5月23日

孝謙天皇（こうけんてんのう／養老2（718）‐神護景雲4（770）／奈良時代の天皇、重祚して称徳天皇）

…今の帝と立ててすまひくる間に、うやうやしく相従ふ事は无くして、とひとの仇の在る言のごとく、言ふましじき辞も言ひぬ、為ましじき行も為ぬ。凡そかくいはるべき朕には在らず。（中略）此は朕が劣きに依りてし、かく言ふらしと念し召せば、愧しみいとほしみなも念す。（中略）是を以て出家して仏の弟子と成りぬ。

『新日本古典文学大系14　続日本紀三』（岩波書店、1992年）

原文は漢文。天平宝字2（758）年に皇太子（淳仁天皇）に譲位して太上天皇となった女帝・孝謙天皇は、同6年5月23日、淳仁天皇との仲が悪くなって法華寺に入り、出家して尼となった。その理由が記されている。淳仁は私を慕うどころか、言うべきでないことを言い、してはならないことをした。そんな無礼なことを言われるべき私ではない。私が劣っていて弱々しく意気地がないからこう言われるのかと思うと、恥ずかしく辛い。道鏡との関係を誹謗中傷されたことが、この言葉の裏にあるのかもしれない。

5月24日

徳富蘇峰（とくとみ・そほう／文久3（1863）‐1957／ジャーナリスト、評論家）

予は昭和の御代を通じて、最も遺憾であった事は、天皇が常に第三者の態度を以て、国民に臨み、国家に臨み、国家危急存亡の場合に臨ませ給うた事である。甚だ恐れ入(いっ)たる申し分ではあるが、これが敗戦を来したる、唯一とはいわぬが、重(お)もなる原因の一である事は、今日に於て、愈々(いよいよ)これを信ぜざるを得ざるものがある。

『徳富蘇峰　終戦後日記Ⅱ』（講談社、2006年）

1946（昭和21）年5月24日、昭和天皇はラジオで食糧難につき国民に協力を求める「おことば」を発した。終戦時に次ぐ玉音放送だったが、徳富蘇峰はあっけにとられた。まるで他国の食糧難を語っているかのように聴こえたからだ。「罪あらば我れを咎(とが)めよ」と述べた明治天皇とは対照的な昭和天皇の態度は、今回が初めてというわけではない。あの戦争のときもそうだったのではないか。皇室中心主義者を任じる蘇峰は、遅まきながら天皇の責任感のなさに思いをいたすようになる。

5月25日

石川啄木（いしかわ・たくぼく／1886-1912／歌人）

…日本の総ての女子が、明治新社会の形成を全く男子の手に委ねた結果として、過去四十年の間一（いつ）に男子の奴隷として規定、訓練され（中略）、しかもそれに満足――少くともそれに抗弁する理由を知らずにいる如く、我々青年もまた同じ理由によって、総て国家についての問題においては（中略）、全く父兄の手に一任しているのである。

「時代閉塞の現状」（『時代閉塞の現状　食うべき詩』、岩波文庫、1978年所収）

1910（明治43）年5月25日、社会主義者や無政府主義者が明治天皇の暗殺を企てたとする大逆事件の検挙が始まった。この事件を機に社会主義に目覚めた石川啄木は、明治の40年間を振り返りつつ、同世代の青年に対する危機感をあらわにした。明治の日本社会が男子を主体として形成された結果、女子が男子の「奴隷」となったように、国家についての問題もまた「父兄」、つまり上の世代に一任された結果、青年は自分の利害に関係しない限り、国家に無関心となった。その態度は、帝国主義に対する暗黙の支持につながるのだ。啄木は日本の行く末を正しく予言していたといえる。

5月26日

柴崎友香（しばさき・ともか／1973-／小説家）

約七千人が住んでいるこの団地は、住人の半分以上が六十五歳以上。建設がはじまってから数年間に結婚したり子供が生まれたばかりだったりで入居した人々は、四十五年が経つあいだにいっしょに年を取り、一斉に老いた。

『千の扉』（中公文庫、2020年）

新宿区の都営団地「戸山ハイツ」をモデルとした団地を舞台とする柴崎友香の小説の一節。1945（昭和20）年5月25日から26日にかけての空襲で、戸山にあった陸軍の施設が焼けた。戦後はここにまず木造の住宅が建てられ、鉄筋コンクリートの団地に建て替えられた。どの棟にも似たような核家族が住み、自治会の活動も盛んだったが、いまでは都心で最も高齢化の進む地域となり、孤独死する老人も相次いでいる。わずか70年の間に、空間の性格は目まぐるしく変わったのだ。

5月27日

国木田独歩（くにきだ・どっぽ／明治4（1871）-1908）／小説家

…市街までがっかりしているようにも見える。〔明治〕三十七年から八年の中ごろまでは、通りがかりの赤の他人にさえ言葉をかけてみたいようであったのが、今ではまたもとの赤の他人どうしの往来になってしまった。／そこで自分は戦争（いくさ）でなく、ほかに何か、戦争の時のような心持ちにみんながなって暮らす方法はないものかしらんと考えた。

「号外」（『号外・少年の悲哀　他六篇』、岩波文庫、1960年所収）

1905（明治38）年5月27日から28日にかけて、日本海海戦で日本はロシアに勝利し、28日のうちには号外が配られた。新聞社の前には人々が殺到した。9月にはポーツマス条約が結ばれて日露戦争は終わったが、戦争中にあったような、赤の他人どうしを「国民」としてつないでいた共同幻想は消えた。国木田独歩はこの短編小説で、戦争が人々に及ぼす麻薬のような作用と、それが終わることでまるでつきものがおちたように索漠（さくばく）たる心境に帰っていった主人公の心理を巧みに描いている。

5月28日

小林トミ

（こばやし・とみ／1930-2003／市民運動家・「声なき声の会」を始めた一人）

有名人ばかり目立って、地道に運動している人たちが小さくなっているような雰囲気がある。

栗原彬編『ひとびとの精神史第3巻　六〇年安保——1960年前後』（岩波書店、2015年所収）

1960（昭和35）年5月28日、安保改定を進める岸信介首相は、記者会見で反対勢力につき、「今は『声ある声』だけだ」と述べた。これに反発して小林トミらがつくった「声なき声の会」は、初めてデモに参加する無名の主婦たちを主体とする一人ひとりの静かな意思の表明という形式にこだわった。その後、声なき声の会を一つの母体として「べ平連」が生まれるが、この団体には小田実というスターがいた。小林は声なき声の会の無名性、匿名性にこだわり、べ平連を批判した。

5月29日

秋山駿（あきやま・しゅん／1930-2013／文芸評論家）

窓から透かし見られる一つの生活のパターンは、まったくそのままの形で他の二十三の部屋にも適合するものであろう。（中略）すべてよく似ている二十四の同じような人間が、すべてよく似ている同じような生活の光景を展開している、というのでは、これほど飽き飽きする見物はあるまい。

『舗石の思想』（講談社文芸文庫、2002年）

1959（昭和34）年5月、東京郊外の北多摩郡保谷町（現・西東京市）、田無町（同）、久留米町（現・東久留米市）に完成したひばりが丘団地に、秋山駿が入居した。秋山は入居するや、自分が住んでいるのと同じ棟で暮らす住民の朝から晩までの生活サイクルが、驚くほど似通っていることに気づいた。全く同じ間取りが平等というイデオロギーをありありと実感させる。イデオロギーによって団地が建設されたわけではないのに、団地という空間が結果として社会主義と親和的なメンタリティーを浸透させることに気づいたのである。

5月30日

松田解子（まつだ・ときこ／1905-2004／小説家）

…中止の布令とともに村役場から搬入されていた椅子などを返しに行ったとき、村の理事者の中でも上位の一人が、こういっている声を聞いた。「おかげで役場の金庫はカラカラだよ。ふん、今頃になって沖からサーチライトで照らしてやるから敬礼しろ？　誰が敬礼なんぞするものか。おれはサーチライト来たら、……を出して照らさしてやるよ」／わたしはかれのそのセリフを以後もずっと匕首でもひそめるように、自分の脳裏にひそめて今日に立ちいたった。

『回想の森』（新日本出版社、1979年）

1929（昭和4）年5月30日、昭和天皇は伊豆大島を訪れた。差木地村（現・大島町）では多額の予算をかけ、万全の準備で臨んだが、当日になって予定が変更され、村への立ち寄りが中止された。代わりに御召艦が沖合からサーチライトを照らすから敬礼するよう命じられた。村の尋常高等小学校の代用教員をしていた松田解子は、村の幹部が卑猥な言葉を使って天皇をののしるのを聞いた。おそらくそれは、誰もが言ってはならない「王様は裸だ」を公然と口に出した瞬間として、松田の脳裏に刻み込まれたに違いない。

5月31日

岡部伊都子（おかべ・いつこ／1923－2008／随筆家）

行きたくない、間違うていると言った戦争に、わたしは旗ふって送りだしたんやから、だから、わたしは自分を「加害の女」やと言いつづけているんです。

『遺言のつもりで』（藤原書店、2006年）

敗戦の翌年、岡部伊都子の婚約者だった木村邦夫が1945（昭和20）年5月31日に沖縄本島で戦死したという知らせが届いた。木村は出征する前、伊都子に「こんな戦争は間違っている、こんな戦争で死にたくない」と話したが、伊都子は「わたしやったら、喜んで死ぬわ」と言って送りだした。それを戦後もずっと悔やむ気持ちが、「加害の女」という意識を生み出した。伊都子に言わせれば、当時の教育を盲信して婚約者を死に追いやったこと自体が「加害」なのだ。

6

月

6月1日

幸田露伴（こうだ・ろはん／慶応3（1867）-1947／作家）

…都人の習慣今日の如く逍遥を好まずして蟄居を好まんには、百の公園ありと雖も殆ど無用の閑地たらんのみ。公園は必らず公園として人民より愛惜され利用されざるべからざる也。公園の本旨は人民等が共同の園庭たらんとするにある也。（中略）されば公園は其性質神聖犯すべからざるものたらんよりは、雍和相親むべく就くべきのものたらざるべからざる也。

「一国の首都」（『露伴全集』第27巻、岩波書店、1954年所収）

1899（明治32）年に書かれた「一国の首都」で、幸田露伴は当時帝室御料地だった上野公園が神聖不可侵のようになっていることを批判し、本来の公園は家にこもりがちな東京市民の習慣を改めさせ、なるべく多くの市民が訪れたくなるようにしなければならないとした。露伴の期待は1903年6月1日、レストランや喫茶店を備えた日比谷公園が仮開園することで実現されたかに見えたが、その2年後には同公園が「日比谷焼打ち事件」の舞台となった。

6月2日

井上ひさし（いのうえ・ひさし／1934-2010／作家）

「んだがらここは日本国じゃねえのす」
「ここはハァ吉里吉里（きりきり）国なんだものねっす」

『吉里吉里人』上（新潮文庫、1985年）

ある年の6月上旬、上野を出た夜行急行「十和田3号」が、宮城県と岩手県の県境にある駅でいきなり急停車させられ、乗客は全員出されて入国審査を受けさせられた。県境に位置する約40平方キロメートルの区域が「吉里吉里国」として独立を宣言し、東北弁である「吉里吉里語」を国語としたのだ。もちろん全くのフィクションなのだが、2020年に新型コロナウイルスの感染が全国に拡大したのに伴い、山形新幹線の山形駅などで東京など県外からの乗客の体温検査が行われた状況は、「吉里吉里国」の入国審査を思い起こさせた。

6月3日

折口信夫（おりくち・しのぶ／1887-1953／民俗学者、歌人）

御在位中の天皇に対して、最（もつとも）近い御間がらとして、神と天皇との間に立っておいでになる御方が、常にあったことが考えられる。其は、血縁近い皇族の女性であり、他氏の女性でも、特に宮廷に入り立ちの自由であった貴婦人、そう言う方々の存在が思われる。

「女帝考」（安藤礼二編『折口信夫天皇論集』、講談社文芸文庫、2011年所収）

1946（昭和21）年6月3日と10日、折口信夫は「女帝考」と題する特別講義を行った。ここで彼は、神と天皇の間に「中天皇（なかつすめらみこと）」と呼ばれる女性がいたこと、天皇に代わって中天皇が表面に出てくると、その女性が女帝になることを述べている。講義を行ったのは、昭和天皇の退位が取りざたされている時期に当たっていた。たとえ天皇が退位しても、中天皇に当たる女性（皇太后の可能性が高い）がいれば、天皇制は保たれることを言いたかったのではないか。

6月4日

高畠通敏（たかばたけ・みちとし／1933-2004／政治学者）

…わたしたちの目的は〈声なき声〉を「声ある声」に転化させること、つまり〈声なき声〉を組織化し、一つの有力な政治的力にすることにあってはならないのだ。それは、既存のさまざまな政治組織にもう一つ同じものをつけ加えるだけの作業に終わってしまう。

「声なき声の二年間」（栗原彬、五十嵐暁郎編『高畠通敏集』5、岩波書店、2009年所収）

高畠通敏は、60年安保闘争のなかから1960（昭和35）年6月4日に生まれた無党派市民の集まり「声なき声の会」の事務局長をつとめた。同じく安保反対を唱えても、日本社会党や日本共産党、あるいは新左翼の共産主義者同盟のような綱領やイデオロギーを一切掲げず、組織からはみ出た声や一つの組織におさまりきれない声に耳を傾けることが日本の民主主義には不可欠だとする信念が、高畠の活動を支えていた。

6月5日

坂口安吾（さかぐち・あんご／1906－1955／作家）

天皇が我々と同じ混雑の電車で出勤する、それをふと国民が気がついて、サアサア、天皇、どうぞおかけ下さい、と席をすすめる。これだけの自然の尊敬が持続すればそれでよい。天皇が国民から受ける尊敬の在り方が、そのようなものとなるとき、日本は真に民主国となり、礼節正しく、人情あつい国となっている筈だ。

「天皇陛下にささぐる言葉」（『坂口安吾全集』15、ちくま文庫、1991年所収）

戦後、日本は民主化したことになっている。確かに憲法を見ると、天皇は統治権の総攬者から国民統合の象徴へと変わった。しかし実際には、昭和天皇は1946（昭和21）年から巡幸を再開し、各地で熱狂的な歓迎を受けた。47年6月5日に訪れた大阪では、府庁に約4万人が押し寄せて歩行できなくなり、米軍の憲兵が空に向けて拳銃を発砲した。48年1月に発表されたこのエッセイで、坂口安吾は国民の天皇観を鋭く問い直し、「真に民主国」になるための条件を平易な言葉で読者に問うている。

6月6日

田辺聖子（たなべ・せいこ／1928－2019／作家）

狂気のようなバンザイの歓呼のかげで、かすかに、かすかに呼んでいる。（陛下、陛下、ヘイカ、ヘイカ、待って下さい）

ヘイカ！　ヘイカ！　ヘイカ！／ヘイカ！　置いていかないで下さあいッ！

むすうの、死者の声が叫んでいる。それは目にみえない集団の声かもしれなかった。

『私の大阪八景』（岩波現代文庫、2000年）

1947（昭和22）年6月6日、昭和天皇は前日に続いて大阪を訪れた。主人公のトキコは天皇の姿を少しだけ見て満足したが、詰めかけた人々が叫ぶ万歳とは別のささやきを聴いたような気がした。それは度重なる空襲で命を落としたおびただしい数の市民の声だったのだ。田辺聖子はこの小説を通して、同じ場所で犠牲になった一般市民ならば背広服姿に変身した天皇をどう見ただろうかという、きわめて重要な視点を提示している。

6月7日

蜂飼耳（はちかい・みみ／1974－／詩人、作家）

生きている人間は、学習したり思いこんだりして自らにも当てはめた秩序や回路で生きているわけだが、蓋を取れば、その下は、見たこともないものでいっぱいなのだ。それは恐怖をもたらし、足元をぐらつかせもするが、同時に、生きていることそのものを、もっともいきいきとした次元へ押し上げる瞬間でもある。

「時計が止まる」（『おいしそうな草』、岩波書店、2014年所収）

政治的な秩序というのは、言うまでもなく人間が作り出したものだ。私たちはそれを所与のものと見なすことで、日常の安定や安心が支えられる。しかし人間は本来、自然界の一部であり、生物の一種であることから逃れられない。このことは秩序を揺さぶる一方、生きていることの原点を見つめることにもつながる。日常の網の目に回収されない詩の意味を問い直す蜂飼耳の文章は、アナキズムに通じる革新性をもっている。

6月8日

高松宮宣仁（たかまつのみや・のぶひと／1905-1987／昭和天皇の弟、海軍軍人）

…憲法草案ノ枢府本会議ニハ其ノ主権在民ガ余リハッキリシテヰ(い)ルノデ私トシテハ賛成シカネルカラ、会議ニ出席セヌツモリデオリマス

『高松宮日記』第8巻（中央公論社、1997年）

日本国憲法のもとになる新憲法草案に対して異を唱えず、マッカーサーに謝意まで表明した昭和天皇とは対照的に、高松宮は事実上米国によって作られ、「国体」を破壊する共和制に通じるものとしてこの草案をとらえ、1946（昭和21）年6月8日の枢密院本会議を欠席した。確かに条文だけを見れば、高松宮の危惧はもっともであった。だが条文と実態の間に大きなズレがあることを十分に認識しながら新憲法草案を受け入れた昭和天皇の方が、政治的には一枚上手だったともいえる。

6月9日

吉本隆明（よしもと・たかあき／1924-2012／思想家）

…大衆はそれ自体として生きている。天皇制によってでもなく、理念によってでもなく、それ自体として生きている。それから出発しない大衆のイメージは、すべて仮構のイメージとなる。

「丸山真男論」（『吉本隆明全著作集』12、勁草書房、1969年所収。傍点原文）

1963（昭和38）年3月に刊行された『丸山真男論』の一節。吉本隆明によれば、丸山は大衆そのものを見るのではなく、仮構のイメージとしてとらえている。もっといえば、民主主義や市民主義という目標を設定し、それに向かって組織化できると錯覚している。しかし「大衆の存在様式の民俗的な部分」はいまなお変わっていない。吉本は丸山に啓蒙的な匂いを感じ取っていた。同年6月9日、丸山はある書簡で「ジャーナリズムの高級（?）井戸端会議にすぎない丸山論には『どうかそっとしておいてくれ』というほかありません」と述べている。

6月10日

磯崎新（いそざき・あらた／1931－／建築家）

…イセにおいては中心軸という形式が保持され、平入りが採用されながら、〝隠す〟手段が何重にも講じられる。ヒエラルキーをもつ垣にとりつけられた門、正面の扉、その奥にある心の御柱、そして、室内に置かれている御船代。それを視線の前から遮断する。

『建築における「日本的なもの」』（新潮社、2003年）

伊勢神宮内宮の本殿は南面している。それは天皇の玉座が南面していた古代の大極殿と同じである。しかし伊勢では、大極殿とは異なり、聖なる中心は隠れていて見えない。神体の八咫鏡は、天皇といえども見てはならないのだ。磯崎新はここに「カミの姿をひたすら私たちの眼から遠ざけることによって、聖なる存在を浮かびあがらせようとするレトリック」を読みとっている。昭和天皇が内宮に参拝した1940（昭和15）年6月10日午後1時54分、全国で一斉に人々が内宮に向かって黙禱したが、この瞬間、見えない八咫鏡が支配の主体となった。

6月11日

田中角栄（たなか・かくえい／1918－1993／自由民主党の政治家、第64・65代首相）

昭和五十五年ごろには東海道新幹線が増大する旅客をさばききれなくなり、第二東海道新幹線が必要になるだろう。このほか地域開発の奥羽北陸新幹線（中略）など必要な路線が目白押しにひかえている。（中略）／こうして九千キロメートル以上にわたる全国新幹線鉄道網が実現すれば、日本列島の拠点都市はそれぞれが一－三時間の圏内にはいり、拠点都市どうしが事実上、一体化する。

『日本列島改造論』（日刊工業新聞社、1972年）

1972（昭和47）年6月11日に発表した政策綱領「日本列島改造論」で「国土の均衡ある発展」を唱えた田中角栄は、北海道から九州までの全国を新幹線網によって一つにすることを夢見た。背景には、雪深い新潟県で育ち、日本海側が後回しにされてきた明治以来の日本の近代化に対する怨念に似た思いがあった。新幹線というインフラを整備することを目標とした角栄の政治は、いまなお整備新幹線や「第二東海道新幹線」すなわちリニア中央新幹線の建設に受け継がれている。

6月12日

高野悦子（たかの・えつこ／1949-1969／全共闘運動に加わった大学生）

今日お風呂に入っていたときのこと。他にもひとりいて、その人は水道の蛇口をひねり湯をぬるめた。湯はぬるかった。四一度くらいだったなあ。私はその人に「もう水道を止めてもいいですか」と、恐る恐るというさまでたずねた。他人を気にする弱々しい市民生活者の私。

『二十歳の原点』（新潮文庫、1979年）

1969（昭和44）年6月12日、高野悦子は、通っていた立命館大学で行われた集会とデモに参加してから銭湯に行った。革命を目指し、資本の論理との闘いを挑んでいたはずの自分が、他人を気にして自分の意思を通すこともためらう「市民生活者」だったことに、高野は気づいた。「市民」という言葉をブルジョワというマイナスの意味でしか使えなかったところに彼女の悲劇があった。6月24日、高野は山陰本線の列車に飛び込み、20歳で亡くなる。

6月13日

太宰治（だざい・おさむ／1909-1948／作家）

…たしかに何十万もの黴菌の浮び泳ぎうごめいているのは、「科学的」にも、正確な事でしょう。と同時に、その存在を完全に黙殺さえすれば、それは自分とみじんのつながりも無くなってたちまち消え失せる「科学の幽霊」に過ぎないのだという事をも、自分は知るようになったのです。

「人間失格」（『人間失格・桜桃』、角川文庫、2007年所収）

太宰治が1948（昭和23）年6月13日に入水自殺する直前に書きあげた小説の一節。銭湯には黴菌が何十万もいるというのは、科学的には正しいのだろう。太宰は、そうした科学を信じ、用心して生きてきたが、しだいにそれを「幽霊」と見なし、用心しなくなったという。これを2020年から21年にかけての新型コロナウイルスの流行と照らし合わせると興味深い。科学者の見方に依拠して国民に自粛を要請するのか、それとも経済活動を優先させて国民の自由を尊重するのか。政府や地方自治体の方針が大きく揺れたのは周知の通りである。

6月14日

ホッブズ（1588‐1679／イギリス・スチュアート朝時代の哲学者）

主権がないばあいにくらべれば強大な権力もけっして有害ではない。

『リヴァイアサン』1（永井道雄、上田邦義訳、中公クラシックス、2009年）

1642年に王党派と議会派の間で勃発したイングランド内戦（清教徒革命）は、45年6月14日のネイズビーの戦いで議会派が圧勝することで帰趨が決まったが、終息するまでになお6年の歳月を必要とした。51年刊の『リヴァイアサン』で、ホッブズは内戦に対する処方箋を示そうとした。「政治形体のいかんを問わず、一般に人間が受ける最悪の不都合も、内乱に伴う悲惨や恐るべき災害とくらべれば大したものではない」。だからこそ各人がもっていた力を主権者に授与し、この強大な権力をもった主権者の命令に絶対的に服従する契約を結ぶ必要があるとした。

6月15日

樺美智子（かんば・みちこ／1937－1960／予備校生・のちに東大の学生）

…本で知る前からすでに、私は「その有害な産物」にとりまかれていることを、いくらか感付いていいたし、非常に不安な気持であり、掴(つか)み所のない敵に向って出来る丈の反撥をしていいた。そして、高校時代にその恐るべき相手の本体を知り得た。私はこの知らされた本体は正しいものだと考え、それと戦って、社会主義社会＝共産主義社会をつくる大きな仕事に、一生をかけて参加しようと決心している。

樺光子編『人しれず微笑まん』（三一新書、1960年）

1956（昭和31）年7月8日の参院選で革新勢力が議席を伸ばした直後、樺美智子が友人にあてて出した手紙の一節。「その有害な産物」は資本主義経済を指す。このときすでに樺は、マルクス主義者として生きることを宣言している。翌年に東大に入ると日本共産党に入党するが、さらにその翌年には脱党して新左翼の共産主義者同盟（ブント）に入った。60年安保闘争の最中の60年6月15日、国会に突入して警官隊と衝突し、死去したことで悲劇のヒロインとなった。

6月16日

村田喜代子（むらた・きよこ／1945－／作家）

…子どもの私が、八幡（やはた）を変わった街だと心底感じたのは小学三、四年にもなった頃だ。夏休みが明けて九月になると、連日、運動会の練習が続く。そのときほとほと嫌になるのが八幡市歌の合唱だ。熱烈愛郷心の塊の歌詞を三番まで延々と歌う。

「八幡製鉄所　炎が天を焦がした高度成長」（『戦後70年　日本人の証言』、文春文庫、2015年所収）

福岡県八幡市で生まれ育った村田喜代子は、小学校時代から「八幡パトリオティズム」の洗礼を受けた。1944（昭和19）年6月16日未明、米軍のB29が初めて空襲をしかけたのが八幡の製鉄所だった。「市の発展は／われらの任務」「天下の壮観／我が製鉄所」などと繰り返し歌ううちに、愛国心よりも強い愛郷心が自然と育まれる。たとえ八幡市が北九州市になり、製鉄所が消えて「鉄の町」でなくなっても、幼少期に刷り込まれた歌の記憶が脳裏から消え去ることはない。

6月17日

白洲正子（しらす・まさこ／1910-1998／随筆家）

…次の日には、（中略）たった一枚しかない越後上布（じょうふ）の蚊絣（かがすり）を、大急ぎでモンペに仕立て直して隣組の集会に出てみると、案の定、効果があった。

「皆さん、こういうものを着て下さい。白洲さんは非常時をよく心得ている。こういう地味なものこそ戦時にふさわしいきものです」

ざまぁ見やがれと、そこで私はひそかに溜飲を下げるというわけだ。

『白洲正子自伝』（新潮文庫、1999年）

1940（昭和15）年6月17日、NHKラジオで「隣組」という曲が初めて流れた。戦時体制を宣伝啓発するのが目的だったが、白洲正子はこの隣組というのが苦手だった。体制に協力的な人たちをからかおうとして、わざと派手な恰好をしてみたり、その翌日には逆に越後上布をモンペにしてみたりして憂さを晴らしたが、どうしてもなじめなかった。東京市の小石川から郊外の南多摩郡鶴川村（現・町田市）に転居することで、ようやくこの相互監視の網から解放された。

6月18日

桐野夏生（きりの・なつお／1951－／作家）

連合赤軍事件は、凄惨なリンチのことばかり言われてきました。永田さんは、男の側の論理に巻き込まれてしまったのだと思います。だから、あんな低劣な中野判決なんかが出るんです。女特有の嫉妬深さから大勢の同志を殺した、なんて嘘っぱちです。まったく逆だったんです。

本来は、女たちが子供を産んで、未来に繋げるための闘い、という崇高な理論だってあったのです。

『夜の谷を行く』（文春文庫、2020年）

1982（昭和57）年6月18日、連合赤軍事件の統一公判第一審で永田洋子に死刑の判決が下されたが、裁判長の中野武男は「女性特有の執拗さ」という言葉を使って永田を非難した。ここに根深い女性差別を読み取った桐野夏生は、小説という方法を通して、これまでの男性中心的な史観から見落とされてきた、子供を産む性という視点から事件に迫ろうとした。作家の想像力が、時に歴史学者よりも鮮やかに「もう一つの歴史」を照らし出すことを、この小説は証明している。

6月19日

岡本太郎（おかもと・たろう／1911－1996／芸術家）

…先頃のアイク訪問の際、三十センチ間隔にずらりと着剣して構えたカービン銃の威嚇の前で、デモをかけた。そのような近代意識の上に立った政治行動は、現代沖縄の傷口の端的な叫びである。しかし、にもかかわらず多くの沖縄人の、あのやわらかい表情、運命的力に対して恭順に、無抵抗に見える態度の底には、チュラカサの伝統、災いをいんぎんに扱って送り出してしまうという、辛抱強い護身術が働いているのではないか。

「ちゅらかさの伝統」（『沖縄文化論』、中公文庫、1996年所収）

1960（昭和35）年6月19日、米大統領のアイゼンハワーが沖縄を訪れた。当時の沖縄は米国の統治下に置かれ、本島の米軍基地化が進んでいたから、当然訪問に反対するデモが起こった。しかし多くの沖縄人は温かく迎え入れた。岡本太郎は、その理由を「美ら瘡」という沖縄の言葉に求める。瘡は天然痘である。恐ろしいからこそ大事にする。強烈に反発するよりも、巧みに価値を転換して敬遠するのだ。現在もなお残る基地問題に対する沖縄県民の意識を考える上で重要な視点ではないか。

6月20日

トクヴィル（1805-1859／フランスの政治思想家）

南に下るにつれて、地域自治が活発でなくなることに気づく。タウンの役職は少なく、その権利義務も小さくなる。住民は政治の運営に直接の影響力をそれほどもたず、タウンミーティングの回数は減り、取り扱う問題も少ない。選出された役職者の力が比較的大きく、選挙民の力は小さい。自治の精神の覚醒が足らず、力が不足している。

『アメリカのデモクラシー』第1巻（上）（松本礼二訳、岩波文庫、2005年）

1831年から32年にかけて米国に滞在したトクヴィルは、フランスと米国の違いを感じるとともに、同じ米国の東海岸でも地域によって行政の制度や自治の精神に違いがあることを発見した。最も地域自治が活発なのは北部のマサチューセッツ（ニューイングランド）で、そこから南に行くにつれて行政の権力が増大する。地域ごとの細かな差異に注目する視点は、「日本のデモクラシー」を分析する際にも重要ではなかろうか。

6月21日

大道寺将司（だいどうじ・まさし／1948-2017／新左翼系の武装組織「東アジア反日武装戦線〝狼〟」のリーダー）

私たちは東京と埼玉の間にある荒川鉄橋に爆弾を仕掛け、一九七四年八月一四日午前一〇時五八分~午前一一時〇二分の間に通過する『御召』列車を爆破しようと考えたのです。

『明けの星を見上げて』（れんが書房新社、1984年）

大道寺将司は、昭和天皇が日本による侵略と植民地支配の加害責任をとらなければならないのに、その責任をとろうとはしていないとして、那須御用邸から帰京する天皇を乗せた列車を、東北本線の荒川鉄橋で爆破しようとした。1974（昭和49）年6月21日、荒川鉄橋を渡るお召列車を大道寺は観察し、全国戦没者追悼式に出席するため帰京する8月14日に決行しようとした。現地で不審な人影があったためこの計画は中止されるが、天皇を乗せた列車を爆破しようとしたのは、これが空前にして絶後である。

6月22日

愛新覚羅溥儀（あいしんかくら・ふぎ／1906-1967／清朝最後の皇帝、「満洲国」皇帝）

もっとも私を陶酔させたものは、「御臨幸」と「巡幸」だった。

『わが半生』下（小野忍ほか訳、ちくま文庫、1992年）

愛新覚羅溥儀は、1938（康徳5）年6月22日から25日まで奉天省（現・遼寧省）内を回るなど、しばしば鉄道に乗り、国内各地を巡幸した。それは同時代の昭和天皇の巡幸にならったものだった。天皇の巡幸と同様、沿線の各駅では住民らが整列して奉迎し、訪れた地方では奉迎場がつくられ、万単位の「臣民」による親閲式が行われた。こうした格式ばった行事が、自らの虚栄心を大いに満足させたと溥儀は回想している。巡幸を繰り返すことで、天皇と同格になったという錯覚にとらわれたに違いない。

6月23日

石垣りん（いしがき・りん／1920-2004／詩人）

ひめゆりの塔の洞窟も／司令部あとの岩窟も／暗く入口をとざしていた。／過去はみんな口をふさいでいた。／祖国復帰したけれど／住民は広い面積の基地を囲む／金網の外で暮らしていた。

「青い鏡」（『石垣りん詩集』、岩波文庫、2015年所収）

1945（昭和20）年6月23日、沖縄で日本軍の組織的戦闘が終わった。敗戦とともに沖縄は米軍統治下に置かれた。石垣りんは72年5月15日の復帰後に沖縄本島を訪れ、沖縄の現実を目のあたりにした。沖縄戦という過去は、一見封印されていながら、米軍基地という形で可視化され、住民の日常に大きな影を落としていた。だが石垣は、「振り返ると沖縄は／合わせ鏡に映った／日本本土の島影に見えた。」とこの詩を結ぶ。沖縄に見られるいびつな日米関係は、戦後の日本そのものではないかと問いかけているのだ。

6月24日

金石範（キム・ソクポム／1925-／在日朝鮮人の作家）

これはもっとも弱い部分である朝鮮人女子生徒たちのチマ・チョゴリを的にすることで象徴化した〝朝鮮人狩り〟であって、差別意識のレベルのものではない。言を換えれば、異端狩りであり、「日本」と一体化しない者に対する排除と同化の両面を持っている天皇制イデオロギーの特質を現わしているように思う。

「天皇制とチマ・チョゴリ」（『新編「在日」の思想』、講談社文芸文庫、2001年所収）

1994（平成6）年6月24日、東急東横線綱島駅で、チマ・チョゴリ姿の女子生徒が暴行された。5月から6月にかけてこうした事件が相次いだことに、金石範は戦前と連続する「天皇制イデオロギー」を見出した。たとえ天皇が象徴になっても、排除と同化を強いる「力」はなお持っていると考えたのだ。日本人よりも在日の女性のほうがふだんは見えないその力により敏感になることは、柳美里の小説『JR上野駅公園口』にも示されている。

6月25日

平塚らいてう（ひらつか・らいてう／1886－1971／婦人運動家）

わたくしの言うことは、この世界危機のきびしい現実に、眼を蔽（おお）った、甘い夢と笑われるかもしれません。しかしわたくしは、世界はやがて一つになるのが歴史の必然の過程であり、今日の二つの世界の対立も、それへの前提であり、滅亡するかに案じられるこの人類の大きな危機も、人類の成長、完成への一つの段階であり過程であると信じています。

「人類に一つ言葉を！」（小林登美枝ほか編『平塚らいてう評論集』、岩波文庫、1987年所収）

平塚らいてうは戦後、国家を廃絶して世界連邦国家をつくり、全人類共通の一つの言葉を使おうという運動に共鳴した。冷戦の時代にユートピアのような理想を掲げることが「甘い夢」のように見えるのを自覚しつつ、人類の長い歴史の観点に立てば現在もまた「完成」へと向かう一里塚にすぎず、やがて世界は統一され、理想が実現されると信じた。1950（昭和25）年6月25日までに西側諸国中心の講和に反対する「非武装国日本女性の講和問題についての希望要項」を連名で起草したのも、こうした思想からだった。

6月26日

窪美澄（くぼ・みすみ／1965-／小説家）

アカガミは単なるお見合いではないわ。最終的な目的は家族を作るためのものよ。あなたたちは放っておいたら、一人で生きて、一人で死んでいくでしょう。結婚も、出産もせずに、このままだったら、この国はいずれ滅びるわ。アカガミは、そのために国が考えた制度よ

『アカガミ』（河出文庫、2018年）

窪美澄の小説に登場する女性の言葉。超少子化社会を改善するために国家がアカガミというお見合いのシステムを作り、主人公の女性がそれに応募する。もし巡り合った男性との間に子供が生まれれば、子供を含めて国家がすべて支援する。しかし生まれた子供が障がい者だった場合、支援は打ち切られる。実際に2003（平成15）年6月26日、前首相の森喜朗は「子どもをたくさんつくった女性が将来、国がご苦労さまでしたといって面倒みるっちゅうのが本来の福祉です」と発言している。

6月27日

梅棹忠夫（うめさお・ただお／1920‐2010／民族学者、生態学者）

歴代日本政府の北海道に対する無理解さ、無責任さは、おどろくべきものがある。このような政府のもとに、内地中心の統治をうけつぐことは、北海道にとっては、あまりにもロスがおおいのではないか。はっきりと、北海道の、北海道人による、北海道のための、独立の政府をもつことをかんがえたほうが将来のためにはよいのではないか。

「北海道独立論」（『日本探険』、講談社学術文庫、2014年所収）

明治2年5月18日、つまり1869年6月27日、榎本武揚（たけあき）を総裁とする「蝦夷共和国」が廃止された。ただしこれは旧幕府軍の政府の俗称であり、国家と対立するものではなかった。梅棹忠夫は明治以来の北海道の歴史を振り返り、今度こそ独立した政府を北海道に築くべきだとする。しかし北海道は本州以南から渡ってきた人々によって、もはや内地化してしまった。北海道固有の北方文化を強調するのではなく、内地との同質化を前提とした上での独立を目指すべきではないかとしている。

6月28日

ハンナ・アレント（1906-1975／ドイツ出身、米国で活躍したユダヤ人の思想家）

…ギリシアの政治思想において自由と平等との相互結合が強調された理由は、自由が、人間活動のすべてではないにしろ、そのある部分に明示されているものと考えられ、これらの活動は他人がそれを見、それを判断し、それを記憶しているばあいにのみあらわれ、現実のものとなるからであった。自由人の生活は他人の存在を必要としたのである。したがって自由そのものには、人びとの集まる場所すなわち集会所、市場、都市国家など固有の政治的空間が必要であった。

『革命について』（志水速雄訳、ちくま学芸文庫、1995年）

アレントは、政治と空間の関係に最も敏感だった思想家の一人である。古代ギリシアの時代から、西洋では他人どうしが集まれる「固有の政治的空間」が整備され、その空間のなかで自由と平等が実現された。だから他人を支配している暴君や独裁者や家長は自由ではないということになる。この自由と平等は「政治的空間」に参加できる成年男子に限られたが、東洋ではこうした空間自体が近代まで確立されなかったこともまた確かだった。

6月29日

J・S・ミル（1806-1873／イギリスの哲学者・経済学者）

今ではあえて奇矯（ききょう）であろうとする人は非常に少ない。そのことが、現代における最大の危険を特徴づけている。

『自由論』（関口正司訳、岩波文庫、2020年）

「奇矯」はエキセントリックの訳語。J・S・ミルは言う。民主主義は必然的に大衆を台頭させる。そうすると画一的で凡庸な世論が支配的となり、それが圧制化して違う意見を唱えることが難しくなる。こうした世論の圧制を打ち破るためには、多数派から奇矯と思われるような少数派の言動が豊富になければならないのに、実際にはその逆になっている。民主主義が個人の自由を圧殺することを警告した古典は、いまなお輝きを失っていない。

6月30日

髙谷朝子（たかや・あさこ／1924-2018／宮中祭祀に仕える巫女、1943年から2001年まで内掌典）

「まけ」はもっとも穢れにて、御用はご遠慮申し上げます。

『皇室の祭祀と生きて　内掌典57年の日々』（河出文庫、2017年）

宮中では毎年6月30日に「水無月の御用」と呼ばれる行事がある。だが「まけ」、つまり月経になると仕えることができない。宮中では死の穢れと血の穢れを避けるためのしきたりが守られているからだ。前者のしきたりについては天皇明仁（現上皇）が2016（平成28）年8月の「おことば」で触れたが、後者のしきたりには触れなかった。日本では女性だけに負荷のかかるしきたりが首都の中心に厳然と残っていることを、髙谷朝子は初めて体験者として著書のなかで明らかにした。

7月

7月1日

荻生徂徠

（おぎゅう・そらい／寛文6（1666）-享保13（1728）／儒学者、徳川吉宗に重用される）

近年はとかく御年寄・若年寄も番頭抔も、下の理筋を立る事をきらひ、理筋有事も顔付を悪敷し、ふあいしらいにする。其人理強くて押へられぬ事なれば、智恵を廻して外の事にて押ゆる様にし、下に物をいはせまじきとする。如此なる故、下たる人、兎角何事もだまるがよきぞ、上の機嫌にさかはぬがよきぞといふ事にみなみなななる。

『政談』（平石直昭校注、平凡社東洋文庫、2011年）

荻生徂徠は、具体的な幕政改革案をまとめた『政談』を8代将軍の徳川吉宗に献上した。このなかで近年の悪しき風習として、身分の下の者が理路整然と意見を述べることを上の者が嫌い、言わせないようにするために、下の者は本音を言わずにこびへつらうようになっていることを挙げる。だがこうした風習は、幕末まで改められなかった。ペリー来航直後の嘉永6（1853）年7月1日から、老中の阿部正弘は、大名から旗本、庶民に至るまで、幕政に関わらない人々に初めて意見を求め始めた。

7月2日

米原万里（よねはら・まり／1950-2006／ロシア語通訳、エッセイスト）

今でも社会主義の良さはあると思っているんです。住宅や食料、医療、教育、文化という人間にとっての生活必需品をお金儲けの対象からはずしたこと。今の日本を見ていると特にそう思いますね。

『終生ヒトのオスは飼わず』（文春文庫、2013年）

『週刊文春』1998（平成10）年7月2日号に掲載された「『家』の履歴書」の一節。米原万里は父が筋金入りの日本共産党員だったこともあり、大学時代に共産党に入党した。しかし1985年に中央委員会派と違う意見の仲間が都大会代議員に選出されるや、仲間とともに党員権を停止され、1年間査問された。これを機に米原は共産党から離れるが、社会主義そのものを完全に捨てたわけではなかった。米原の眼には、「小さな政府」を目指す新自由主義の弊害が、この時点ですでに見えていたようだ。

7月3日

和辻哲郎（わつじ・てつろう／1889-1960／哲学者、倫理学者）

共産党の示威運動の日に一つの窓から赤旗がつるされ、国粋党の示威運動の日に隣の窓から帝国旗がつるされるというような明白な態度決定の表示、あるいは示威運動に際して常に喜んで一兵卒として参与することを公共人としての義務とするごとき覚悟、それらはデモクラシーに欠くべからざるものである。しかるに日本では、民衆の間にかかる関心が存しない。

『風土』（岩波文庫、2010年）

1927（昭和2）年2月から28年7月にかけてドイツに留学した和辻哲郎は、日本との違いを実感させられた。「家」の外にあるものは「他人のもの」として取り扱われ、公共的なるものへの無関心を伴った忍従が発達した日本に対して、都市が城壁に囲まれたドイツでは公共的なるものへの関心が高かった。当時はまだ共産党もナチスも少数政党だったが、自らの主張を堂々と掲げている。和辻の目には、これこそがデモクラシーにほかならないと映った。

7月4日

マクマホン・ボール（1901－1986／オーストラリアの外交官、連合国対日理事会英連邦代表）

何という独立記念日であったことか！　九時半に皇居前広場へ行き、壮大なパレードを見たが、東京最大のものだった。（中略）マッカーサーは何十枚も自分の写真を撮らせたに違いない。彼は芝居じみた最高に晴れやかな顔をしていた。

アラン・リックス編『日本占領の日々』（竹前栄治、菊池努訳、岩波書店、1992年）

1947（昭和22）年7月4日の米独立記念日、約1万5千人の米軍および英連邦軍が宮城（現・皇居）前広場を出発点とし、大手町、日比谷一帯をパレードした。マッカーサーは、広場の観閲台に立って閲兵した。この最高司令官は地方を全く訪れなかったが、首都東京では米国の祝日にかつての天皇の親閲式と似たような儀礼を同じ広場で行うことで、占領の実態をまざまざと日本人に見せつけた。東京を舞台とするこうしたパレードは、占領期を通して続くことになる。

7月5日

松本清張（まつもと・せいちょう／1909－1992／作家）

…この衝撃的な事件の主人公に下山がわざわざ選ばれたのは、国鉄総裁としての彼が、あくまでも独自の立場で、GHQまたはシャグノン案に抵抗したからであろう。

「下山国鉄総裁謀殺論」（『日本の黒い霧』上、文春文庫、2004年所収）

1949（昭和24）年7月5日、初代国鉄総裁の下山定則が行方不明となり、6日に常磐線の北千住－綾瀬間で遺体となって発見された。松本清張はこの遺体が進駐軍用列車で現場に運ばれたと推理し、GHQないしその運輸担当中佐のシャグノンが進めようとした大幅な人員整理に下山が抵抗し、独自案を作成しようとしたために殺されたと解釈した。占領期に起こった事件をGHQの謀略だとする史観は後に批判され、下山事件についても異説が出されているが、事件の謎自体が解明されたわけではない。

7月6日

谷崎由依（たにざき・ゆい／1978-／作家）

女工たちはこの街を支える産業の象徴であり、と同時に街の者たちからすれば、こころのどこかで認めるのを拒みたいものなのだ。それはすなわち街の産業——羽二重（はぶたえ）よりもずっと廉価で質のよくない人絹の織物を大量生産し、欧米のような先進国でなく、この日本という国がともすれば下に見ている、劣っていると見下しているアジアのほかの国々に、大量に売りつけ商売をしている、その事実を認めたくないのと表裏一体だった。

『遠の眠りの』（集英社、2019年）

1928（昭和3）年7月6日、福井に県内初の百貨店が開店した。この百貨店の少女歌劇団に雇われた女工を主人公とする小説の一節。当時の福井は、絹織物の羽二重に代わり、人絹の生産が日本一盛んな街になっていた。その生産に動員されたのが、女工と呼ばれる若い女性たちだった。街の者たち（主に男性）は、羽二重よりも質の悪い人絹を大量生産して収入を得ている彼女らを蔑んだ。こうした非対称の関係は、当時の日本と人絹を大量輸出しているアジア諸国の関係にもそっくり当てはまった。

7月7日

有吉佐和子（ありよし・さわこ／1931-1984／作家）

少しずつ私にも選挙用の第六感が養われてきているのか、人の集らないところや、政治に関心の薄い地区というのが予想できるようになっていた。中央線沿線は感度良好で、演説しても反応があるし、拍手が起ることもあってやり甲斐があるのだが、どうもこの辺りには私の小説など読んで下さっているような人々はいないのではないか。

『複合汚染』（新潮文庫、2002年）

1974（昭和49）年7月7日、第10回参議院議員選挙が行われた。この選挙に東京都選挙区から無所属で立候補した紀平悌子（きひらていこ）を応援するため、有吉佐和子は東京都内を回ってみて、東部と西部の反応の違いに驚いた。「この辺り」は東部の江東区や江戸川区を指している。一方、西部は自治体名でなく線名を挙げている。無党派市民的な政治風土が中央線の沿線全体に広がっていたために、紀平に対する関心が高かったのがよくわかる。だが結局、自民、社会、公明、共産各党の候補が当選し、紀平は落選している。

7月8日

ペリー（1794-1858／アメリカの軍人、東インド艦隊司令長官）

古代人ならば、天空に起ったこの注目すべき現象を、彼らが計画した事業によい結果を約束する前兆だと解釈しただろう。そして、われわれの場合は、特異で半ば野蛮な一国民を文明諸国民の家族の中に組み入れようというわれわれの当面の試みが、流血の惨事なしに成功できるようにと神に祈るものである。

『ペリー日本遠征日記』（金井圓（まどか）訳、雄松堂出版、1985年）

1853年7月8日（嘉永6年6月3日）、米大統領フィルモアの親書を携えたマシュー・ペリーを乗せた蒸気船が、浦賀沖に投錨した。その日の夜半、夜空に流星が見えた。古代人ではないペリーは、これから自分に託された責任ある使命がうまくいくよう神に祈ったという。その使命とは、日本を「流血の惨事なしに」開国させ、文明国の仲間入りをさせることだった。敗戦直後に同じ神奈川県の厚木飛行場に降り立ったマッカーサーと比較すると興味深い。

7月9日

カント（1724－1804／プロイセン王国時代のドイツの哲学者）

…法の概念に適(かな)った統治形式は、代議制だけである。共和的な統治形式が機能するのは、代議制においてだけであり、代議制なしではその国家体制がどのようなものでも、専制的で暴力的なものとなるのである。古代の共和国はこのことを知らなかったので、つねに悪しき専制へと堕落せざるをえなかったのである。

「永遠平和のために」（『永遠平和のために／啓蒙とは何か　他3編』中山元訳、光文社古典新訳文庫、2006年所収）

カントにとって、共和制こそ永遠平和への期待にそった体制であり、それは専制と対立する。前者では行政権と立法権が分離されるが、後者では立法者が統治者になる。古代の直接民主制はその典型であり、それは必ず専制となる。共和制は民主制と同じでないどころか、代議制という観点に立てば民主制より君主制と両立しやすい体制なのだ。カントの定義に従えば、立法権と行政権が分離された戦後日本の代議制民主主義は、民主制ではなく共和制ということになるのだろうか。

7月10日

平野義太郎（ひらの・よしたろう／1897-1980／法学者、社会主義理論家）

アジアにおける植民地態勢打破の先駆者はわが日本であり、アングロサクソンの世界旧秩序打開の創始者も亦わが日本であつた。東洋におけるこのわが日本の発展興隆そのことが、直ちにアングロサクソンのアジア支配から隷属アジアを解放し、アジア人の手で東洋における平和秩序を建設し、大東亜諸民族における共存共栄の生活圏を設定せんとしつつある。

『大アジア主義の歴史的基礎』（河出書房、1945年）

平野義太郎は、1936（昭和11）年7月10日に検挙されて留置中に転向し、「大東亜共栄圏」のイデオローグとなった。「大東亜戦争による大東亜建設は、この歴史的な運動に外ならぬ」としてこの戦争を正当化し、日本を中心とした共栄圏の建設を臆面もなく唱えた直後、日本は敗北する。すると平野は再び転向してこんどは民主主義者となり、変節漢として非難された。だが太平洋戦争がアジアの植民地を解放したという歴史観は、戦後もなお自民党を中心とする右派のなかに生き続けることになる。

7月11日

中山千夏（なかやま・ちなつ／1948-／俳優、参議院議員）

後に〝研究〟してわかったのだが、演説は漢語の坩堝（るつぼ）である。女はやまとことばと恋愛、男は漢文と政治、という平安時代以来の伝統が、まだ生きているらしい。しかも、「トウ（等）」「チンセイカ（鎮静化）」「ヨウテイ（要諦）」「キョウアイ（狭隘）」「ショケンアン（諸懸案）」「イクセイ（育成）」などなど、聞き言葉としては耳に馴染まないものがゴロゴロある。

『国会という所』（岩波新書、1986年）

1977（昭和52）年に中山千夏が代表となった革新自由連合は、7月10日の参院選の開票結果が判明した11日、初の当選者を出した。中山自身も80年6月の参院選で当選し、国会議員となった。初めて入った国会というところは完全に男たちの世界だった。所信表明などの演説もそうで、話し言葉として作られていない演説は「台本」を読むことで初めて理解できたという。「所信がおしなべて退屈なのは、大臣たちが自分の言葉を用いていないからだ」。

7月12日

聖武天皇（しょうむてんのう／大宝元（701）－天平勝宝8（756）／奈良時代の天皇）

頃者（このころ）、天頻（しきり）に異（あやしび）を見（あらわ）し、地数（ないしばしば）震動（ふ）る。良（まこと）に朕（わ）が訓導（おしえ）の明らかならぬに由りて、民多く罪に入れり。責めは予（われ）一人に在り。兆庶（もろもろ）に関（あず）かるに非ず。

『新日本古典文学大系13　続日本紀二』（岩波書店、1990年）

原文は漢文。天平6（734）年4月に起こった大地震に際して、聖武天皇は同年4月21日に続いて7月12日にも詔を出している。頻発する天変地異は自らの徳の足らなさに由来するのであり、自分一人が責めを負わなければならないとしている。一般に責任という語は明治になって responsibility の訳語として新たに創り出されたとされているが、この「責め」は政治的責任に相当する概念が奈良時代の日本にすでにあったことを示している。

7月13日

秩父宮雍仁（ちちぶのみや・やすひと／1902-1953／昭和天皇の弟、陸軍軍人）

日本の実情の即しない米国制度の直輸入も大いに批判されなければならない。六、三制の教育制度にしても、自治体の警察制度にしてもあせり過ぎてゐる様に感ぜられる。勿論日本の当局者の弱腰と云ふか、無責任と云ふか日本の実相を理解せしめる努力の足らないこともあるだらうが占領軍当局者のやり方は中央部の机上計画を矢鱈(やたら)に強行する傾向があるのではないかと思はれないでもない。

「占領政策の批判」（『中央公論』1996年11月号所収）

1949（昭和24）年7月、結核で療養生活を続けていた秩父宮が、米国主導の占領政策を公然と批判した。少なくとも表向きには逆らわなかった昭和天皇とは対照的だった。GHQは内容的にこれと重なる秩父宮へのインタビューを英訳した文章を入手した。7月13日、宮内庁長官の田島道治(みちじ)がマッカーサーの副官に呼び出され、この文章を天皇に持ってゆくよう命じられた。天皇は占領政策を公然と批判しないよう秩父宮に忠告している。

7月14日

緒方貞子（おがた・さだこ／1927-2019／国際政治学者、国連難民高等弁務官）

ナショナリストの発言の方が威勢がいいし、人間の感情に強く訴えかける。それに行動が伴うことも多かった。どの時代でも、威勢のいいことを言う人はいるものです。でも威勢がよすぎるのは危険な兆候です。いまの日本の政治家の中にもそういう傾向は見て取れるのではないですか。私にはそう思われます。

野林健、納家政嗣編『聞き書　緒方貞子回顧録』（岩波現代文庫、2020年）

1969（昭和44）年7月14日から18日まで、山梨県の河口湖畔に日米の研究者が集まり、日米関係史に関する会議が開かれた。この会議で緒方貞子は、日本の自由主義的な民間団体の活躍について報告したが、軍部が台頭するとそれらは衰退した。「持たざる国家」として現状を変えるのは正当だというナショナリストの主張に抵抗できなかったからだ。たとえリベラリストの発言に迫力がなくても、ナショナリストの威勢のよさに眩惑されてはならないというのが、緒方が歴史から学んだ教訓だった。

7月15日

坂口弘（さかぐち・ひろし／1946-／連合赤軍中央委員会書記長、「あさま山荘事件」の中心メンバー）

私の念頭にあったのは、第二次大戦時のフランス・レジスタンス、マキの経験である。以前ある本で、ドイツ軍の占領に対し、仏共産党指導下の抵抗組織マキが、山岳に立て籠もってパルチザン戦争を行った記録を読んだことがあった。私はこれを想い出して、山岳が使えるのではないかと思ったのである。

『あさま山荘1972』上（彩流社、1993年）

新左翼のセクトの一つである「京浜安保共闘」（日本共産党（革命左派）神奈川県委員会）に属していた坂口弘は、71年2月に栃木県真岡(もおか)市の銃砲店を襲撃して永田洋子らとともに指名手配された。捜査網が敷かれた東京にいるのは危ないと判断した坂口は、第二次世界大戦中にフランスで組織された「マキ」を念頭に、山岳地帯にベースを設けることを提案した。京浜安保共闘は奥多摩や山梨に山岳ベースを築き、共産主義者同盟赤軍派と合流して同年7月15日に統一赤軍（後の連合赤軍）となった。

7月16日

山高しげり（やまたか・しげり／１８９９-１９７７／婦人運動家、参議院議員）

…私は、むしろ国家が労働力の不足を女子に於て代替したいとお望みになりますならば、さうして決戦段階に於て所要の員数だけを女子に於て得たいとお考へになりますならば、躊躇なさるところなく未婚女子の徴用を御断行願ひたい。女子々々と申しましても、未婚と既婚では非常にその立場も違ひますので、私が女子徴用を活用せよといふのは未婚女子でございます。

「第四回中央協力会議会議録」（鈴木裕子『フェミニズムと戦争』、マルジュ社、１９８６年所収）

傍点は原文ママ。１９４３（昭和18）年7月14日から16日まで、大政翼賛会第4回中央協力会議が開かれた。この席上、大日本婦人会の理事だった山高しげりは、当局側に未婚女子の徴用の断行を迫った。時の首相、東條英機は、女子の徴用は日本の家族制度を破壊するという理由から行わないと言明していたが、山高は未婚女子を徴用するとともに、国家が工場や事業所に母性保護のための福利施設を設けるよう求めた。山高の目には、総動員体制が従来の婦人問題を一挙に解決させる好機と映ったのだ。

7月17日

磯田光一（いそだ・こういち／1931-1987／文芸評論家）

天皇が西にいて、権力の中心だけは東に来てしまったとき、〝神話〟と〝実権〟との緊張関係を最も象徴的に描こうとすれば、西を上方にしながら、〝御城〟だけは京都に足を向けて聳え立っていなければならない。そして明治維新とは、尊皇攘夷の開国和親への転換という形を通じて、江戸地図の神話を崩壊に導いたのである。

『思想としての東京』（講談社文芸文庫、1990年）

磯田光一は、江戸時代の江戸地図の大半が京都のある西を上としながら、江戸城を意味する「御城」の文字がさかさまに描かれていることに注目し、ここに権力を握った幕府（公儀）ないし将軍と権威を保った朝廷（禁裏）ないし天皇の関係が象徴されていると見た。しかし慶応4（1868）年7月17日に江戸が東京に改称されると、江戸地図もしだいに近代的な地図へと変化し、「御城」は天皇の居所となる。地図という非文字資料を通して、権力と権威が東京の天皇に集中したことがわかるとしたのである。

7月18日

アドルフ・ヒトラー（1889-1945／ドイツの政治家、ドイツの首相、総統、ナチス指導者）

人を説得しうるのは、書かれたことばによるよりも、話されたことばによるものであり、この世の偉大な運動はいずれも、偉大な文筆家にでなく、偉大な演説家にその進展のおかげをこうむっている、ということをわたしは知っている。

『わが闘争』上（平野一郎、将積茂訳、角川文庫、2001年）

1924年4月、ミュンヘン一揆で有罪判決を受けたヒトラーは、獄中で『わが闘争』の執筆を始め、25年7月18日に第1巻を刊行した。引用したのは冒頭に掲げられた序言の一節。後にナチスを大きく飛躍させることになる原動力について語っている。話し言葉を重視するのは、ソクラテス以来の西洋の伝統でもある。しばしば「ファシズム体制」として一括されながら、45年の玉音放送まで大多数の国民が天皇の肉声を聞いたことすらなかった昭和初期の日本との違いは明らかだろう。

7月19日

藤原長子（ふじわらの・ながこ／承暦3（1079）- 没年不詳／堀河天皇の典侍）

…おまへより、同じ局に我がかたざまにてさぶらひつる人のうちきて、いみじう物もいはずなく。見るに、いとゞ其の事ときかぬに、なきふさるゝ心ちぞする。しばしためらひていふやう、「あな心うや。たゞ今神璽宝剣の渡らせ給ふとてのゝしりさぶらふぞ。（中略）」といふに、かなしさぞたへがたき。

岩佐美代子『讃岐典侍日記全注釈』（笠間書院、2012年）

「かたざま」は縁故、「いとゞ」はいよいよ、「なき」は泣き、「のゝしり」はわめき。嘉承2（1107）年7月19日、堀河天皇が満28歳で死去した。典侍として仕えていた藤原長子は、その様子を日記に記している。平安時代の天皇は譲位して上皇になることが多かったが、堀河は結局在位したまま死去した。すると天皇の意思と関わりなく、皇位のしるしである宝剣と神璽が新しい天皇（鳥羽天皇）に引き継がれた。長子はその非情さに耐えられなかったのだ。この習慣は、昭和天皇が死去した1989年1月7日に行われた「剣璽等承継の儀」にまで受け継がれている。

7月20日

夏目漱石（なつめ・そうせき／慶応3（1867）－1916）／作家

川開きの催し差留（さしとめ）られたり。天子いまだ崩ぜず。川開を禁ずるの必要なし。細民これがために困るもの多からん。当局者の没常識驚ろくべし。演劇その他の興行もの停止とか停止せぬとかにて騒ぐ有様也。天子の病は万臣の同情に価す。然れども万民の営業直接天子の病気に害を与へざる限りは進行して然るべし。

三好行雄編『漱石文明論集』（ワイド版岩波文庫、2005年）

1912（明治45）年7月20日、夏目漱石は明治天皇の重体を知らせる号外を受け取った。これに伴い、毎年恒例の隅田川の川開きが中止された。演劇などの興行も中止すべきか否かで大騒ぎしている。こうした事態に対して、漱石は怒りをぶちまけている。いわゆる「自粛」の空気が広がることに対する怒りである。しかしこれよりももっと大規模な「自粛」が、76年後の昭和天皇の重体の際には広がった。天皇が「神」から「人間」に変わっても、タブーはますます増幅されたのだ。

7月21日

照宮成子（てるのみや・しげこ／1925-1961／昭和天皇の第一皇女）

この炭鉱の奥深くで、来る日も来る日も働き続け、世間から忘れ去られ、そして人知れず死に行く運命をもった人々の前に立った時、護衛の警官や大ぜいのお伴をひきつれている自分の姿に、いたたまれぬ申しわけなさを感じた……

酒井美意子『ある華族の昭和史　上流社会の明暗を見た女の記録』（主婦と生活社、1982年）

女子学習院中等科に通っていた照宮成子は、クラスメートとともに毎日「反省録」を書いて担任の教官に出していた。1942（昭和17）年7月17日から30日まで、照宮は北海道を旅行した。「遊楽旅行廃止」が叫ばれる非常時にわざわざ出かけた目的の一つが、夕張の炭鉱視察だった。初めて炭鉱労働者を目のあたりにしたとき、「護衛の警官や大ぜいのお伴をひきつれている」自らの境遇とのあまりの落差に衝撃を受け、その衝撃を反省録に記した。

7月22日

梨本宮妃伊都子（なしもとのみやひ・いっこ／1882-1976／梨本宮守正の妻）

午後、親任式あり。マアどんなものか、私たちはわからぬけれど、はじめの感じがよくないから、長持ちするかどうか。それに二日間とも雷雨中も、一寸（ちょっと）おもしろい。あれほど骨を折って、一生懸命にして、中々国民の人気を得てゐた東条さん、まことに気の毒。いびり出されたお嫁さんの様な気がする。大に同情する。

小田部雄次『梨本宮伊都子妃の日記』（小学館、1991年）

1944（昭和19）年7月22日、2年9カ月続いた東條英機内閣に代わり、小磯国昭内閣が成立した。サイパン陥落の責任を負って東条は辞職する形になったが、梨本宮妃は東條に対して同情的である。戦後にA級戦犯として処刑されたことで評価が一変するにせよ、当時は人気があったことがわかる。しかしその根拠は政治家としての成果にはなかった。「骨を折って、一生懸命に」やっているように国民に映れば、どれほど戦況が悪化しようが人気は落ちなかったのだ。

7月23日

椿の局（つばきのつぼね／1892-1980／高等女官、椿は源氏名。本名は坂東登女子（旧姓名は梨木止女子））

摂政様にお成り遊ばされてからは、あちらの侍従がばかに権威をふるってね、お上のお自動車も自由に廻さんような事したりね、したんですよ。それでこんなことならお命短うても御代でならしゃて頂いたら良かったたっていうことをね、御代を主張したお方さんがたは良く嘆いてござったです。良い御隠居さんみたい押しこめたてまつって。

山口幸洋『椿の局の記』（近代文芸社、2000年）

大正天皇は1921（大正10）年11月に事実上引退し、皇太子裕仁（昭和天皇）が摂政となったが、宮中では皇太子を摂政に立てた勢力と天皇の「御代」を全うさせようとした勢力の二派に割れていた。椿の局は、後者が「押しこめ」という言葉を使っていたと証言している。2010（平成22）年7月22日夕方から23日未明まで宮中で開かれた参与会議で天皇明仁が譲位を初めて表明し、摂政案をしりぞけた背景には、大正という「悪しき前例」を繰り返してはならないという思いがあった。

7月24日

宮本常一（みやもと・つねいち／1907-1981／民俗学者）

いってみると会場の中には板間に二十人ほどすわっており、外の樹の下に三人五人とかたまってうずくまったまま話しあっている。雑談をしているように見えたがそうではない。事情をきいてみると、村でとりきめをおこなう場合には、みんなの納得のいくまで何日でもはなしあう。

『忘れられた日本人』（岩波文庫、1984年）

1950（昭和25）年7月下旬、長崎県の対馬を訪れた民俗学者の宮本常一は、村の寄りあいを調査している。寄りあいでは対立や討論を避け、全員が納得するまで昼夜を問わずに話し合う。西日本を中心とする地方では、こうした習慣が少なくとも江戸時代から戦後までずっと続いてきたという。それは本来、相異なる意見が存在することを前提としながら議論を戦わせる民主主義とは似て非なるものだ。

7月25日

奥泉光（おくいずみ・ひかる／1956－／作家）

…そのとき、陛下が三種の神器（しんき）を持参していれば問題は解決である。たとえどこにあろうが、神器を保持する者こそが真正の帝なのだから。神鏡が伊勢大社から持ち出されたのは、「橿原（かしはら）」に乗られた天皇陛下の身分を証明するためではないのか。つまり、逆にいうなら、神器があることこそ、この船に天皇陛下が乗られている事実の証拠なのではあるまいか——。

『神器（しんき）』下（新潮文庫、2011年。傍点原文）

奥泉光の長編小説の一節。軍艦「橿原」に乗り込んだ宇津木啓介大尉は、太平洋を東に向かうこの軍艦に、伊勢神宮の神鏡が持ち込まれていることを知る。それは天皇が乗っていることを意味するのではないか。艦内で天皇自身を見たことはないが、論理的にはそうなる。それだけではない。神器と天皇が乗っている「橿原」こそが日本ということになる。実際に昭和天皇は、本土決戦で三種の神器を確保できなくなれば国体は護持できないことを、1945（昭和20）年7月25日に内大臣の木戸幸一に語っている。

7月26日

オルテガ・イ・ガセット（1883－1955／スペインの哲学者）

…現代の大衆は利口であり、他のいかなる時代の大衆よりも知的潜在能力を持っている。だがその潜在能力は彼にとって何の役にも立たない。（中略）彼はたまたま自分の内部に溜まった一連の決まり文句、偏見、観念の切れっ端、あるいは意味のない語彙を後生大事に神棚に祀ったあと、天真爛漫としか説明しようのない大胆さをもってそれらを相手かまわず押し付けている。

『大衆の反逆』（佐々木孝訳、岩波文庫、2020年）

オルテガが1930年に刊行した古典の一節。大衆とは、自らの知的潜在能力を開花させるどころか、逆に自己に閉じこもっている人々のことだ。オルテガの念頭にあったのは全体主義が台頭しつつあった当時の西洋世界だが、21世紀の日本にも十分に当てはまる。私たちは、SNS上で「決まり文句、偏見、観念の切れっ端、あるいは意味のない語彙」としか呼べない言説が「相手かまわず押し付け」られ、あっという間に拡散する世界に生きているからだ。

7月27日

立花隆（たちばな・たかし／1940-／ジャーナリスト）

たしかに、田中逮捕の衝撃は大きかった。しかし、その衝撃が大きかったところに、実は問題がある。なぜならその衝撃は、腐敗体制（田中が党内随一の実力者でいられる状態）から正常状態（田中逮捕）への揺り戻しが生んだ衝撃だったからだ。それだけ衝撃が大きかったということは、それだけ腐敗体制への意識の馴化がすすんでいたということでもある。

『田中角栄研究　全記録』下（講談社文庫、1982年）

1976（昭和51）年7月27日、前首相の田中角栄が逮捕され、ロッキード事件の捜査は一気に進んだ。立花隆によれば、金権腐敗を生み出したのは55年の保守合同以来の自民党の一党優位体制だった。この体制が続くことで、政治家ばかりか一般市民までもが正常な政治感覚を失ってしまった。本来なら角栄の政治がかくありえたことにこそ衝撃を覚えなければならないのに、逮捕されるはずがないと思いこんでいた人物が逮捕されたことに衝撃を覚える状況が生まれていたからだ。

7月28日

加藤一竿（かとう・いっかん／生没年不詳／埼玉県入間郡柏原村（現・狭山市）在住の漁夫）

幸ひ今が一年中で鮎が最も肥え美味な時季です。かくてこの機会に私の些(ささや)かなお礼心を披示致したく、出来得れば八月初旬頃、一日の御清遊に御来車下さるよう伏して御願申上ます。

「御招待状」（袖井林二郎『拝啓マッカーサー元帥様』、岩波現代文庫、2002年所収）

1948（昭和23）年7月28日、加藤一竿はマッカーサーにあてて日本語の手紙を書いた。一竿は一介の漁夫を意味するペンネームだろう。3年にわたる占領統治に対する感謝のしるしとして、マッカーサーに入間川で獲れる鮎を食べに来るよう大真面目に説いている。これは当時彼のもとに届いた手紙のほんの一つにすぎない。占領期を通して日本人は、この青い目の支配者に対して、さまざまな招待状を送り続けたのである。

7月29日

イザベラ・バード（1831‐1904／イギリスの旅行家）

彼らと宿の亭主は、大声で四時間も議論をかわしていた。とても重大な問題を論じているにちがいないと私は思った。私が大館で聞いたのだが、選挙による地方議会を許可するという新しい重要な法令が出たという、それを議論しているにちがいないと想像した。ところが、きいてみると、大館から能代(のしろ)までのその日の旅が、道路で行くのがよいか川で行くのがよいか議論していたのであった。

『日本奥地紀行』（高梨健吉訳、平凡社ライブラリー、2000年）

1878（明治11）年7月29日、イザベラ・バードは秋田県の大館に近い白沢に泊まった。宿では男たちと亭主が話し合う声が聞こえた。大館では、府県に公選議員からなる府県会を設置する規則が制定されたという話を聞いていたので、てっきりその話を議論しているのかと思いきや、取るに足らないことを4時間も話していたのだ。トリビアなことに夢中になる男たちの神経は、このイギリス人女性の理解を超えていたようだ。

7月30日

石橋湛山（いしばし・たんざん／1884－1973／ジャーナリスト、第55代首相）

…もし我が国にして支那またはシベリヤを我が縄張りとしようとする野心を棄つるならば、満州・台湾・朝鮮・樺太等も入用でないという態度に出づるならば、戦争は絶対に起らない、従って我が国が他国から侵さるるということも決してない。

「大日本主義の幻想」（『石橋湛山評論集』、岩波文庫、1984年所収）

1921（大正10）年7月30日付の『東洋経済新報』社説で、石橋湛山はかの有名な「小日本主義」を唱えた。植民地をもつことは、経済的にも軍事的にも利益にならないことを、客観的なデータを駆使しながら論じたものだ。その後の日本が実際にたどった運命を考えあわせるなら、この時点での石橋の警告は不幸にして的中したといえる。「絶対に」「決して」という副詞に彼が込めた意図を嚙みしめる必要があるだろう。

7月31日

小林秀雄（こばやし・ひでお／1902－1983／文芸評論家）

政治の取扱うものは常に集団の価値である。何故か（この何故かという点が大切だ）。個人の価値に深い関心を持っては政治思想は決して成り立たないからだ。ここにこの思想の根本的なあるいは必至の欺瞞がある。この必至の欺瞞のために、政治は自然の速度を加減しようという人間的暴力によって始まりながら、いつも人間を軽蔑する物質的暴力となって終るのである。

「Xへの手紙」（『小林秀雄初期文芸論集』、岩波文庫、1980年所収）

民族、国家、階級といった概念は「限りない瑣事と瞬間とから成り立った現実の世界に少しも触れてはいない」し、「人間はかつてそんなものを一度も確実に見た事はない」。それらにはなんの積極的熱情を感じないと小林秀雄は言う。これは政治的な無関心とは異なる。「物質的暴力」を避けて「個人の価値」を優先させようとする反政治的な態度にほかならない。1932年7月31日のドイツ国会選挙で、国家社会主義ドイツ労働者党すなわちナチ党が第一党になった直後にこの文章が発表されたのは、単なる偶然だろうか。

8
月

8月1日

陣内秀信（じんない・ひでのぶ／1947-／建築史家）

…江戸城とそれを受け継ぐ皇居は、諸外国の城、宮殿とはまったく違う姿を見せる。（中略）権力にものをいわせ、軸線、対称形といった堅い発想の幾何学形態を示す西洋やアジアの宮殿や城とはまったく異なる、自然と対話する独自の柔らかいコンセプトでつくられた。

「『水の都市』東京の読み方、歩き方」（『水の都市　江戸・東京』、講談社、2013年所収）

西洋や中国、朝鮮などの都では、幾何学的な設計に基づいて城や宮殿がつくられたのに対して、江戸や東京はそうではなかった。前者は「作為」の論理が貫徹されたが、後者には「自然」の論理が組み込まれた。天正18（1590）年8月1日に徳川家康が初めて入城してから、秀忠、家光と3代にわたって築城工事が続けられた江戸城こそ、その結晶にほかならないと陣内秀信は言う。それは同時に、皇居を「作為」によって変えられない禁忌の空間にしてしまったとはいえないか。

8月2日

上皇后美智子（じょうこうごうみちこ／1934－／平成の皇后）

いろいろな職業の女性と会いましたが、物事に自分で参加している人が少ない中で、参加していることによって、たえず自分に向き合いながら、一生懸命より良いものを求めていく。理論だけでうわずった人は少なかったと思います。

薗部英一編『新天皇家の自画像　記者会見全記録』（文春文庫、1989年）

1972（昭和47）年8月1日と2日、皇太子明仁（現上皇）、美智子（現上皇后）夫妻は山形県の上山（かみのやま）温泉と瀬見温泉の旅館で、それぞれ青年代表8人、辺地勤務者7人と2時間ないし2時間25分懇談した。このときの感想を述べた言葉からの引用。「政治の季節」が終わった直後、美智子は地方で大学生の年齢に当たる農村女性や保健婦らと対話し、東京にいるだけではわからない一人一人の生き方を学んだ。地方の温泉を訪れ、誰にも聞かれることのない声を聴くこと自体が、きわめて政治的な行為を意味していた。

8月3日

梅原猛（うめはら・たけし／1925-2019／哲学者）

不比等は「心たばかりある」、謎の人物である。彼は自分の行った大事業をほとんどすべて用心深く隠した。いつ追い落とされるか分からない。（中略）権力者が表面に立てば、いつ追い落とされるか分からない。彼は甚だ賢く、おそらく権威ある天皇の陰に隠れて権力をふるい、日本が必要としている政治を大胆に行なうとともに、自らの子孫、藤原氏の永久の繁栄を図ろうとしたのであろう。

『葬られた王朝』（新潮文庫、2012年）

梅原猛は藤原不比等こそ、古代日本で最も重要な政治家だったとする。女帝や幼帝が相次いだ飛鳥・奈良時代、不比等は大宝律令や養老律令を制定し、平城遷都を行い、出雲大社を建て、『古事記』や『日本書紀』を編纂したが、それらをすべて隠したまま、養老4（720）年8月3日に死去したと言うのだ。中国を手本として律令制を取り入れながら、天皇が中国皇帝のような専制権力をもたず、別の人物が権力を握るという（梅原によれば象徴天皇制に通じる）日本型の王権は、不比等によって確立されたとしたのである。

8月4日

石堂清倫（いしどう・きよとも／1904‐2001／評論家、社会思想研究家）

…第八回大会の準備過程を見ると、党生活の重大な基準の一つである党内民主主義が全く無視され、大会そのものの適法性さえ疑われることになりました。これによってマルクス・レーニン主義者として良心をもって党活動をつづけることは不可能であると信じますので、ここに離党を決意しこの段お届けします。

「離党届」（『わが異端の昭和史』下、平凡社ライブラリー、2001年所収）

1961（昭和36）年8月4日、石堂清倫は住んでいた東京都北多摩郡清瀬町（現・清瀬市）の日本共産党地区委員会に離党届を出した。石堂は異端とされた構造改革論を主張して査問にかけられたうえ、同年7月に開かれた第8回の党大会で、構造改革論を唱えた党員を「反党的日和見主義者」として全面的に批判する綱領を決めたことに抗議して離党した。しかし石堂は、共産党を離党しても、マルクス・レーニン主義者であることをやめたわけではなく、その後もずっと共産党の強い清瀬に住み続けた。

8月5日

鶴見俊輔（つるみ・しゅんすけ／1922-2015／思想家）

…平和運動に参加する人々は、平和運動にたいするつよい不信の感覚をもつ人々がいることを、たえず心においている必要がある。（中略）平和運動は、みずからの運動の中に入ってこようとしない人の思想の重さを考える必要があり、平和の思想は、平和のための発言をしない人々の沈黙の意味を考える必要がある。

「平和の思想」（『鶴見俊輔著作集』第5巻、筑摩書房、1976年所収）

鶴見俊輔は言う。無言動の人々は何も考えていないわけではない。むしろ逆である。平和運動のなかにも権力政治の視点がまざってきやすく、それと同様の行動形態しかとれなくなるのを恐れているのだ。市民レベルの政治参加から始まった原水禁運動がやがて分裂し、1963（昭和38）年8月5日に開かれた第9回原水禁世界大会を社会党系がボイコットした歴史は、それを見事に証明する。無言動の人々の思想の一部をなす厭戦の思想こそが、平和運動の基礎にならなければならない。この基礎から遠くはなれるとき、平和運動はもろいものになる。

8月6日

原民喜（はら・たみき／1905-1951／詩人、作家）

…そのうちに、宇品(うじな)港の輪郭がはっきりと見え、そこから広島市の全貌が一目に瞰下(みおろ)される。山峡にそって流れている太田川が、この街の入口のところで分岐すると、分岐の数は更に増え、街は三角洲の上に拡(ひろが)っている。街はすぐ背後に低い山々をめぐらし、練兵場の四角形が二つ、大きく白く光っている。（中略）……望遠鏡のおもてに、ふと橋梁が現れる。豆粒ほどの人間の群が今も忙しげに動きまわっている。たしか兵隊にちがいない。

「壊滅の序曲」（『夏の花・心願の国』、新潮文庫、2000年所収）

マリアナ基地を飛び立ったB29の編隊が広島上空にさしかかったときに見えるはずの光景を、小説「壊滅の序曲」の主人公、正三が想像する一節。これはそのまま1945（昭和20）年8月6日、マリアナ諸島のテニアン島を飛び立ったエノラ・ゲイが、午前8時15分に原爆を投下したときの光景に重なる。上空から見れば、練兵場に集まっている兵隊も「豆粒ほど」にしか見えない。米国人が原爆を落としたあとの惨劇を目撃することは決してないという重大な事実を、この一節は物語っている。

8月7日

奥平康弘（おくだいら・やすひろ／1929-2015／憲法学者）

…私は「退位の不自由」（および「身分離脱の不自由」）にかぎっては、権利保障体系にもとづいて、窮極の「人権」が語られるべきだと思う。ある制度（生活環境、身分など）のために、本来ふつうの人間すべてに保障されているはずの権利・自由が構造的に奪われているばあいには、なんびともその制度の枠組みから逃れ、ふつうの人になる「脱出の権利」（right to exit）があるべきである。

『「萬世一系」の研究』下（岩波現代文庫、2017年。傍点原文）

2016（平成28）年8月8日に天皇明仁（現上皇）が退位を強くにじませるビデオメッセージを表明したとき、奥平康弘が述べたこの一節がしばしば引用された。その場合、天皇には「脱出の権利」があるのだから、天皇が退位の意思を表明することは憲法上許されるという説を正当化するために言及された。だが奥平自身が意図したのは別のところにあった。それを一言で言えば、天皇制は民主主義とは両立し得ず、本来保障されるべき「人権」を奪うこの制度自体を解体するしかないということである。

8月8日

上皇明仁（じょうこうあきひと／1933－／平成の天皇）

皇太子の時代も含め、これまで私が皇后と共に行って来たほぼ全国に及ぶ旅は、国内のどこにおいても、その地域を愛し、その共同体を地道に支える市井の人々のあることを私に認識させ、私がこの認識をもって、天皇として大切な、国民を思い、国民のために祈るという務めを、人々への深い信頼と敬愛をもってなし得たことは、幸せなことでした。

「象徴としてのお務めについての天皇陛下のおことば」（宮内庁ホームページ）

2016（平成28）年8月8日、天皇明仁（現上皇）はテレビを通してビデオメッセージを発表した。皇太子時代に当たる1960年代以降、美智子（現上皇后）とともに半世紀以上にわたって全国を回り、各地に住む一人一人と対話してきた体験をもとに、抽象的な「国民」と具体的な顔の見える「市井の人々」が意識的に使い分けられている。そして自ら象徴天皇の務めの二大柱に位置づけた「祈り」すなわち宮中祭祀と全国を回る行幸啓が不可分の関係にあることが語られている。

8月9日

永井隆（ながい・たかし／1908-1951／医師、長崎で被爆）

これまで幾度も終戦の機会はあったし、全滅した都市も少くありませんでしたが、それは犠牲としてふさわしくなかったから神は未だこれを善しと容れ給わなかったのでありましょう。然るに浦上（うらかみ）が屠（ほふ）られた瞬間初めて神はこれを受け納め給い、人類の詫びをきき、忽（たちま）ち天皇陛下に天啓を垂れ終戦の聖断を下させ給うたのであります。

『長崎の鐘』（勉誠出版、2009年）

1945（昭和20）年8月9日、長崎の浦上に原爆が落とされ、その日の夜中に浦上天主堂が炎上した。同じころに東京では、最高戦争指導会議が開かれ、昭和天皇がポツダム宣言受諾の聖断を下した。カトリック信者だった永井隆は、原爆投下を神のしわざとし、神は聖地浦上を犠牲として戦争を終わらせたと解釈した。昭和天皇の戦争責任や、米国の原爆投下の責任を免除することになる永井の解釈は、原爆投下を正義の行いだったとする米国の言い分を支持することにつながり、批判や反発を招いた。

8月10日

田中智学（たなか・ちがく／1861－1939／国柱会創立者）

日本の国体は世界人類を一軒の家とする目的で神武天皇が建てられたので「八紘ヲ掩フテ宇トナス」といわれた。世界は一つであるからだ。その一つのものが、一つにまとまっておらぬ支離滅裂になっているのが迷いの姿である。これが世界不安定の当相である。よって神武天皇は八大要義の中に於て、「絶対平和」ということを御主張なされた。

『日蓮主義の信仰』（真世界社、1968年）

1932（昭和7）年8月10日、田中智学は「信の大成」と題して講演した。「八紘ヲ掩フテ宇トナス」は、『日本書紀』巻第三神武即位前紀の己未年三月丁卯条にもとづく。世界全体をおおって一つの家にするという意味だが、田中はこれを「八紘一宇」と言い換えて広めた。神武天皇の存在を信じている学者はいまや一人もいないはずだが、昭和初期にはこの用語が大東亜共栄圏のスローガンとなり、「絶対平和」のための戦争が正当化された。

8月11日

明治天皇（めいじてんのう／睦仁〈むつひと〉／嘉永5（1852）－1912）

…今回の戦争は朕〈ちん〉素より不本意なり、閣臣等戦争の已〈や〉むべからざるを奏するに依り、之れを許したるのみ、之れを神宮及び先帝陵に奉告するは朕甚だ苦しむ

『明治天皇紀』第八（吉川弘文館、1973年）

1894（明治27）年8月1日、明治天皇は清に対する宣戦の詔勅を出した。ところが天皇は8月11日に宮中三殿で行われた宣戦の奉告祭に出ず、伊勢神宮や孝明天皇陵に誰を勅使として遣わせるかを問う宮内大臣にもその必要はないと言った。天皇の本心は、戦争をしたくはなかったのだ。言行不一致を諫める宮内大臣に天皇は怒りを爆発させる。初めての対外戦争を前に、天皇はもし敗れた場合、皇祖皇宗に対してどう責任をとるべきか、悩み苦しんでいた。

8月12日

朴趾源（パク・チウォン／1737‐1805／朝鮮王朝の思想家）

皇帝は、国王〔朝鮮国王〕の無事を下問した。使臣は、謹んで無事を答えた。皇帝は、さらに、満洲語のできる者がいるかと下問した。上通事の尹甲宗（ユンカプチオン）が、満洲語でもって、いささかできることを答えた。皇帝は、左右をふりかえって見、うれしそうに笑った。皇帝は、顔が角ばっていて色が白く、すこし黄ばんだところがあり、頬ひげも顎ひげも、半白であった。

『熱河日記』2（今村与志雄訳、平凡社東洋文庫、1978年）

乾隆帝の古稀を祝うため、ソウルから派遣された使節〔燕行使〕が北京を経由し、乾隆45（1780）年8月9日から15日まで皇帝が滞在していた熱河〔現・承徳〕に滞在した。この使節に同行した朴趾源は、乾隆帝に拝謁したときの模様を克明に記している。皇帝は朝鮮の使節と普通に会話し、その身体を完全にさらしている。同時代の日本を訪れた朝鮮通信使が、江戸城本丸で将軍と言葉を交わすことはおろか、その姿すらはっきりとはとらえられなかったのとはあまりに対照的である。

8月13日

網野善彦（あみの・よしひこ／1928-2004／歴史学者）

…この法律は、二月十一日という戦前の紀元節、神武天皇の即位の日というまったく架空の日を「建国記念の日」と定める国家の、国旗・国歌を法制化したのであり、いかに解釈を変えようと、これが戦前の日の丸・君が代と基本的に異なるものでないことは明白な事実である。このように虚偽に立脚した国家を象徴し、讃えることを法の名の下で定めたのが、この国旗・国歌法であり、虚偽の国を「愛する」ことなど私には不可能である。

『日本の歴史00「日本」とは何か』（講談社、2000年）

1999（平成11）年8月13日、国旗及び国歌に関する法律が公布、即日施行された。しかし網野善彦によれば、日本という国家が成立したのは7世紀半ばから8世紀初頭にかけてであって、それ以前には日本も日本人も存在しない。この点をはっきりさせないまま、戦前同様、まるで神代から日本が始まったかのような歴史観に立つ国旗・国歌法は到底容認できないとしている。いわゆる左翼からの批判だが、「日本」を相対化する発想自体は、『日本書紀』を批判した本居宣長の『古事記伝』を継承しているともいえる。

8月14日

安岡正篤（やすおか・まさひろ／1898－1983／陽明学者）

時運のおもむく所というのは、時の運びでそうなってしまったから仕方なくということで、理想も筋道もなく行き当りばったりということです。

老川祥一『終戦詔書と日本政治』（中央公論新社、2015年所収）

安岡正篤は、1945（昭和20）年8月14日に作成された「終戦の詔書」の原案にあった「時運ノ趨（おもむ）ク所」を「義命ノ存スル所」に改めたが、わかりにくいという理由で元に戻された。天皇自身が道義や良心の命ずるところに従い、主体的に降伏を決断したという言い回しが、時のなりゆきで降伏するという意味に変えられてしまった。安岡はこれを永遠の禍根とし、戦後にはびこる無責任政治もさかのぼればこの詔書の一節に行きつくと考えていた。

8月15日

岩崎晴子（いわさき・はるこ／生没年不詳／東京・吉祥寺の前進座の文芸部に所属。前進座の疎開先との連絡係）

「畏れ多くも天皇陛下に於かせられましては、今日正午、御自ら詔書を御放送遊ばされます……」

私の耳はどうかなつてしまつてゐて、御自ら……までしか意味が通じなかつた。「御自害なさる」と想像がつき走つた。二度アナウンサーがくりかへしてやつとしてから判然意味がわかつた。

「国破れて乾パンの配給あり」（河邑厚徳編『昭和二十年八月十五日 夏の日記』、角川文庫、１９９５年所収）

１９４５（昭和20）年8月15日正午からの玉音放送は、事前にラジオのアナウンサーによって二度予告されていた。岩崎晴子はその放送を、天皇が自決したことを知らせる放送と勘違いした。例えば財界人の小林一三もまた、当時の日記で天皇が自決するのではないかと危惧していた。このことは、天皇がみずからの生命とひきかえに敗戦に対する責任をとると考えた人々がそれなりにいたことを暗示している。

8月16日

吉沢久子（よしざわ・ひさこ／1918-2019／評論家、随筆家）

日本軍の飛行機が伝単（宣伝ビラ）散布。私が神田駅で壁に貼ってあるのを見たのには、／「軍ハ陸海軍共ニ健全ナリ、国民ノ後ニ続クヲ信ズ　宮中尉」／と署名入りだった。軍人の気持ちはそうだろうが、すでに陛下のお勅語も出ている。（中略）明日への道を拓いていくほうが国のために働くということになるのではないのだろうか。

『吉沢久子、27歳の空襲日記』（文春文庫、2015年）

1945（昭和20）年8月15日以降も徹底抗戦を主張する厚木海軍航空隊は、16日から軍用機で檄文の書かれたビラを各地にまき始めた。17日、吉沢久子はビラが空からまかれているのを見た。軍用機がまいたビラに違いなかった。神田駅にも同じような檄文が貼られていた。徹底抗戦を主張したのは軍のごく一部にすぎなかったのに、現象としては目立ったのだ。だが玉音放送は、そうした動きを完全に封じてしまうほどの影響力をもたらしたことがわかる。

8月17日

文武天皇（もんむてんのう／天武天皇12（６８３）－慶雲４（７０７）／飛鳥時代の天皇）

…天つ神の御子ながらも、天に坐す神の依し奉りし随に、この天津日嗣高御座の業と、現御神と大八嶋国知らしめす倭根子天皇命の、授け賜ひ負せ賜ふ貴き高き広き厚き大命を受け賜り恐み坐して、この食国天下を調へ賜ひ平げ賜ひ、天下の公民を恵び賜ひ撫で賜はむとなも、神ながら思しめさくと詔りたまふ天皇が大命を、諸聞きたまへと詔る。

「御即位の宣命」（『新日本古典文学大系12　続日本紀一』、岩波書店、１９８９年所収）

文武天皇元（６９７）年8月17日、持統天皇の孫に当たる文武天皇が即位の宣命を読み上げた。ここで文武は、祖母で太上天皇となった持統を「現御神」つまり現人神とし、現人神として「大八嶋国」つまり日本をお治めになった「倭根子天皇命」つまり持統が授けた尊く高く広く厚い大命をうけたまわり恐れかしこみ、天下の公民をいつくしむとしている。この「現御神」という言葉は、１２００年あまりを経て、昭和天皇がいわゆる人間宣言を行った１９４６（昭和21）年元日の詔書で復活する。

8月18日

愛新覚羅浩（あいしんかくら・ひろ／1914-1987／「満洲国」皇帝溥儀の弟・溥傑の妻）

私は灰のなかから乾隆帝の御位牌の一部をそっと拾いあげました。このような事態になったからと、御位牌まですべて焼き捨ててしまうのは、あまりにおいたわしいことです。いつの日か皇帝にさしあげるときがくることをお祈りし、私はまだ温もりをとどめている御位牌を両の掌（てのひら）でしっかりと握りしめました。

『流転の王妃の昭和史』（中公文庫、2012年）

1945（康徳12）年8月18日、ソ連軍の攻撃から逃れるためにたどり着いた山間の村落、大栗子（ターリーツ）で「満洲国」皇帝、愛新覚羅溥儀の退位式が行われ、弟の溥傑や浩も立ちあった。この日を最後に、傀儡国家は滅亡し、首都の新京（現・長春）から持ってきた清朝歴代皇帝の位牌も焼却された。だが浩は最盛期の皇帝、乾隆帝の位牌を拾いあげる。子供のいない溥儀に代わり、溥傑が皇帝となって王朝が三度復活することを夢見ていたのかもしれない。しかし実際には、溥儀も溥傑も捕らえられ、ソ連に移送された。

8月19日

西田はつ（にしだ・はつ／生没年不詳／2・26事件で刑死した西田税の妻）

湯河原の宿で、「政治運動を捨てられない人生ならば別れてほしい」、そうわたくしが申しましたとき、西田はハラハラと落涙いたしました。五・一五事件の後には、西田は青年時代の向うみずな血気は沈潜したようですが、青年将校運動との縁は切れず、わたくしはそういう西田の将来に不吉な予感を覚えながら別れられなかったのでございます。

「西田はつ 聴き書き」（澤地久枝『妻たちの二・二六事件 新装版』、中公文庫、2017年所収）

1932（昭和7）年に起こった5・15事件で、西田税（みつぎ）は血盟団員の川崎長光に裏切者として銃撃され、重傷を負った。その後、療養のため滞在した湯河原で、妻のはつは別話を切り出したが、涙を流す税を目にして別れられなかった。36年に2・26事件が起きると、税は直接事件には関わっていなかったのに、青年将校との関係を問われ、師の北一輝とともに37年8月19日に処刑された。はつにとって、税と過ごした時間はあまりに短く、一人残された時間はあまりに長かった。

8月20日

大庭みな子（おおば・みなこ／1930－2007／作家）

あの大戦争の貴重なにがい経験以来、私は二度と「国のため」などという口ぐるまに乗せられない自信がある。なぜなら、国のためになることは人間のためにはならないことがきわめて多いのである。そして大層皮肉なことだが、日本は国粋主義的なあの戦争によって、日本に生まれ、日本に育った、私を含めた多くの日本人に、あの国家への恐怖をいやというほど体験させてくれたのだ。

「亡霊」（『大庭みな子全集』第18巻、日本経済新聞出版社、2010年所収）

1945（昭和20）年8月20日を過ぎたころ、広島県西条の県立賀茂高等女学校（現・県立賀茂高校）に通っていた大庭みな子は、広島の爆心地付近で救護作業に当たった。このときの経験が、大庭の生涯を運命づけた。「もし、愛国、忠誠、必勝といった言葉を唱えた怪物を国家と呼ぶのなら、国家は、日本は、大部分の日本人をペテンにかけたのだ」。同様の思いを抱いた同時代人は少なくはなかったはずだ。戦後の反戦平和運動は、まさにこうした文脈から理解されるべきだろう。

8月21日

東條英機

（とうじょう・ひでき／1884－1948／陸軍軍人、第40代首相、A級戦犯として処刑される）

武装解除をされる段になれば、武人としての心情察するにあまりがある。心根があつての剣であり銃である。たとへ武器はなくなつても心の武装は永久に失つてはならぬ。自分はこの意味で決して心の武装解除はされない。今後軍人精神の益々、旺盛に野にあつて武装はなくとも此の精神を基として将来の日本建設の為にくひなき御奉公をしなければならぬと若い者に話してゐる。

「東條英機大将言行録」（伊藤隆、廣橋眞光、片島紀男編『東條内閣総理大臣機密記録』、東京大学出版会、1990年所収）

1945（昭和20）年8月下旬、東條英機が元秘書官の廣橋眞光（ただみつ）に語った言葉。敗戦に伴う陸海軍の解体に際して、「心の武装解除はされない」と語っている。軍人としての精神そのものを変えるつもりはないと言っているわけだ。それどころか、この精神をもとに新たな日本を建設することが「御奉公」だとまで言っている。もしGHQが東條らをA級戦犯に指名することがなければ、戦後の民主化は達成されなかったに違いない。

8月22日

向田邦子（むこうだ・くにこ／1929－1981／脚本家、作家）

ひと様の前で「みっともない」というのは、たしかに見栄でもあるが含羞（がんしゅう）でもある。恥じらい、つつしみ、他人への思いやり。いや、それだけではないもっとなにかが、こういう行動のかげにかくれているような気がしてならない。／人前で物を食べることのはずかしさ。うちで食べればもっと安く済むのに、といううしろめたさ。ひいては女に生れたことの決まり悪さ。ほんの一滴二滴だがこういう小さなものがまじっているような気がする。

「日本の女」（『男どき女どき』、新潮文庫、1985年所収）

向田邦子の母と祖母は、鰻丼を頼んだのに鰻重が来てしまったとき「騒ぐとみっともないからね」と言ってそのまま食べた。西洋人ならば「これは私の注文したものではない」と言って突き返すだろう。しかし向田は、西洋では「個」が確立されているが日本はそうではないとは言わず、西洋人からは見えない心理を読み解こうとする。そこに「女に生れたことの決まり悪さ」が混じっているところに、女性の活躍が進まない日本社会の問題の一端があるように見える。1981（昭和56）年8月22日、向田は台湾で客死した。

8月23日

ルース・ベネディクト（1887-1948／米国の文化人類学者）

絶対的な倫理をそなえた国民であれば、自分たちは原理原則のために戦っているのだという信念を持っているはずである。だから、降伏したときには、「敗北を喫し、我々の正義は踏みにじられた」と認める。そして自尊心に促されて、次はこの「正義」が勝利するよう努力しようという気になる。そうでない場合は、胸をたたいて自分の罪を懺悔するであろう。日本人はそのいずれもする必要がない。

『菊と刀』（角田安正訳、光文社古典新訳文庫、2008年）

ルース・ベネディクトは、日本の敗戦に伴う日本人の気質や行動の変化を分析した。戦時中に掲げられたスローガンはあっさり放棄され、日本人は米軍を歓迎し、新聞は平和国家への道を歩む必要性を書き立てた。これは彼女にとっては不可解なことだった。絶対的な倫理が確立されていて、それに基づく戦争が間違っていなかったと思うなら占領を易々と受け入れるはずがなく、逆に間違っていたと思うなら深く責任を感ぜずにはいられないからだ。

8月24日

川端康成（かわばた・やすなり／1899－1972／作家）

澄子が湯に入るところを見た。不恰好にだぶだぶ太ったからだだ。貧しい髪をちょこんと結び、下品な顔をして、田舎の駄菓子屋の婆さんのようだ。湯から上ると縁側に太い足を投げ出して、煙管（きせる）で煙草を吸っていた。これが、とにかく一宗の教祖だというのだから不思議な気がした。

「湯ヶ島温泉」（『伊豆の旅』、中公文庫、2015年所収）

大本教団2代教主の出口澄子（すみ）は、1922（大正11）年8月11日から9月20日まで、伊豆の湯ヶ島温泉で断続的に教典『霊界物語』を口述する夫の王仁三郎に同行し、旅館「湯本館」に滞在していた。たまたま同宿していた川端康成は、混浴の風呂場で澄子の裸体を見てしまう。前年の第一次大本事件で王仁三郎らが逮捕されてから新たな体制のもとで立て直しを図る教主としてのイメージと現実の肉体の「落差」の大きさを、川端は自らの主観で赤裸々に描いている。

8月25日

吉田茂（よしだ・しげる／1878-1967／外交官、第45・48代から51代首相）

…総数約一〇〇万人、そのほぼ半数は不法入国者であるところの在日朝鮮人の問題について、われわれはいま早期の解決を迫られております。私はこれらの朝鮮人がすべて、彼らの生国の半島に送り返されることを欲するものです。

「吉田茂からマッカーサーあての書簡」（袖井林二郎編訳『吉田茂＝マッカーサー往復書簡集』、講談社学術文庫、2012年所収）

原文は英語。1949（昭和24）年8月末か9月はじめに送ったと見られる書簡で、首相の吉田茂がマッカーサーに要望した文章の一節。厳しい食糧事情のもとで朝鮮人がいると日本人の負担が大きくなるとか、彼らは経済の再建に貢献せず、犯罪者の割合が高いと述べるなど、民族的偏見をむき出しにしながら、彼らは朝鮮半島に全員送還されるべきだとしている。すでに半島が南北に分断されているという事情は一顧だにされていない。

8月26日

平林たい子（ひらばやし・たいこ／1905-1972／作家）

私にいわせれば、むしろ、日本人にとってあれほど深刻な経験だった戦争が、あのような集会でお祭さわぎの材料に使われているのが気になる。（中略）人の心に食入るべき反戦思想というものは、ああしたふん囲気でギターの音と一緒に奏鳴せられるべきものではない。

「広場から思想は生まれない」（『朝日新聞』1969年8月26日）

1969（昭和44）年に新宿西口広場で活動が盛んになったベトナム反戦のためのフォーク・ゲリラに対して、平林たい子はシニカルな感想を抱いた。それを一言でいえば、世代の違いから来る違和感だった。戦争の悲惨さを身に沁みて体験した自分たちのような世代から言わせれば、それを知らない若者がフォークソングを歌って戦争に反対できると思っていること自体がおかしい。平林は反戦思想そのものは共有するとしながら、その表現の仕方を批判した。

8月27日

千葉卓三郎（ちば・たくさぶろう／嘉永5（1852）−1883）／自由民権運動家

皇族中男無キトキハ皇族中当世ノ国帝ニ最近ノ女ヲシテ帝位ヲ襲受セシム但シ女帝ノ配偶ハ帝権ニ干与スルコトヲ得ス

「日本帝国憲法」（新井勝紘『五日市憲法』、岩波新書、2018年所収）

日本帝国憲法とは、1968（昭和43）年8月27日に東京都西多摩郡五日市町（現・あきる野市）の土蔵から発見された私擬憲法の一つで、五日市憲法草案とも呼ばれる。この憲法を起草したのが、千葉卓三郎である。その第一篇第一章「帝位相続」では、男子による皇位継承を原則としながらも、例外的に女帝を認めている。ただし女帝の配偶者は権力をもつことができない。女帝を認めている点では大日本帝国憲法と異なるが、女系天皇が生まれる道を排除しようとしている点では「万世一系」イデオロギーに根ざしたものといえる。

8月28日

磯部浅一（いそべ・あさいち／1905－1937／2・26事件を起こした青年将校の一人）

今の私は怒髪天をつくの怒にもえています。私は今は、陛下を御叱り申上げるところに迄（まで）、精神が高まりました、だから毎日朝から晩迄、陛下を御叱り申して居ります

天皇陛下　何と云う御失政でありますか、何と云うザマです、皇祖皇宗に御あやまりなされませ

『獄中手記』（中公文庫、2016年）

磯部浅一は、獄中にあった1936（昭和11）年8月28日、昭和天皇に対する怒りを爆発させた。天皇は自分たちが起こした義挙を理解しないどころか、「日本もロシヤに様になりましたね」と言い、事件をロシア革命にたとえたと聞いたからだ。昭和天皇個人に対するこれほど強い怨念は、天皇制打倒を唱えた共産主義者も含めてほかにない。磯部は翌年に処刑されたが、この文章が戦後に公開されるや三島由紀夫は強い印象を受け、『英霊の聲』を書いた。

8月29日

森崎和江（もりさき・かずえ／1927-／詩人、作家）

…敗戦の前後を日本に来ていたので、やがて、支配民族の子どもとして植民地で感性を養ったことに苦悩することとなる。それはぬぐい去ることのできない原罪として私のなかに沈着していった。戦後はなばなしく動き出した帝国主義批判ふうの思潮にも、心をよせることはできなかった。なぜなら、私は政治的に朝鮮を侵略したのではなく、より深く侵していた。

「詩を書きはじめた頃」（鄭大均編『日韓併合期ベストエッセイ集』、ちくま文庫、2015年所収）

1927（昭和2）年に植民地朝鮮の大邱（テグ）で生まれ、古都慶州（キョンジュ）で育ち、17歳で九州に渡った森崎和江は、自らの血肉深くに朝鮮の歴史や文化がしみとおり、それが自分自身を形作ってきたにもかかわらず、日本人であるという「原罪」に苦しんだ。戦後になり、日本が1910（明治43）年8月29日に韓国を併合したのは帝国主義の一環として批判されたが、そうした批判より森崎はもっと深いところに達している。自らの体験を通して、逆に日本で育った朝鮮半島出身者の苦悩をわがこととして受けとめることができるからだ。

8月30日

徳川夢声（とくがわ・むせい／1894-1971／弁士、ラジオ・テレビ番組司会者）

本日、マッカーサーの部隊第一陣が、本土進駐神奈川県厚木に空からやってくるので、これらの飛行機は朝早くから、監視と示威とをかねて帝都上空を飛び廻ってる訳だ。／本来ならば、これらの飛行機に対し、私どもは切歯扼腕（せっしやくわん）、拳を振り上げて、憎悪の瞳で白眼みつける場合であろう。／それがどうだ。都民の平静なる！　平静どころか、吾家の娘たちは、大いに喜んでいるかのような態度で、これを迎えているのだ。

『夢声戦争日記　抄』（中公文庫、2001年）

1945（昭和20）年8月30日にマッカーサーが厚木に到着するのに先立ち、東京上空では飛行機が旋回した。徳川夢声は敗戦の屈辱を味わったが、娘たちはそうではなかった。彼女らは米国の大型飛行機だけでなく、米国人の男性にも憧れているのではないか。「女性たるものの、もって生れた生物本来のありかたであって見れば仕方がない」。個々人の違いには目もくれず、「性」にすべてを還元させる夢声の思考はあまりに単純だが、なぜ怒らないのかという心情自体はわからなくもない。

8月31日

森まゆみ（もり・まゆみ／1954－／作家）

民主党代表の鳩山由紀夫氏からして議員四代目、東大、スタンフォード院卒。小沢一郎氏二代目、麻生太郎氏三代目、安倍晋三氏三代目、小泉進次郎氏四代目、野田聖子氏二代目、河野太郎氏三代目、石原伸晃氏二代目、柿沢未途氏二代目、八ッ場ダムでもめる群馬は福田康夫氏三代目、小渕優子氏三代目……。まだまだいる。

『町づくろいの思想』（みすず書房、2012年）

2009（平成21）年8月30日、第45回衆議院議員総選挙の投開票が行われ、31日に全議席が確定した。野党の民主党が圧勝し、与党の自民党が惨敗して政権交代が実現された。しかし森まゆみは、改めて当選者の顔ぶれを眺めてみると、自民党、民主党を問わず、世襲議員が多いことに気づいた。米国議員の世襲率5パーセントに比べるとはるかに多い。森は「日本は一般に階級のない社会だといわれるが、果たしてそうか」と問いかけている。

9
月

9月1日

山川菊栄（やまかわ・きくえ／1890‐1980／婦人運動家）

私は結局室長は全部女性に限るとハッキリ言明することにきめ、GHQもそれを支持してそう決定した。各室長は女で今日までりっぱにやり通しているが、日本は男の国だと、つくづく感じ入ったことである。

「男の国日本」（鈴木裕子編『山川菊栄評論集』、岩波文庫、1990年所収）

1947（昭和22）年9月1日、新たに労働省が発足し、山川菊栄は婦人少年局長になった。地方の婦人少年室長はなかなか決まらなかったが、地方から推薦してくる人物は男性ばかりだった。「女子では一府一県の女性の問題に責任を負う重要な任務は勤まらぬ」からという。山川はこの文章を最晩年の77年に書いているが、それから半世紀近くが経っても「日本は男の国」という形容はまだまだ色あせていない。

9月2日

清水幾太郎（しみず・いくたろう／1907-1988／社会学者）

私が驚いたのは、洗面所のようなところで、その兵隊たちが銃剣の血を洗っていることです。誰を殺したのか、と聞いてみると、得意気に、朝鮮人さ、と言います。私は腰が抜けるほど驚きました。朝鮮人騒ぎは噂に聞いていましたが、兵隊が大威張りで朝鮮人を殺すとは夢にも思っていませんでした。

「大震災は私を変えた」（『私の心の遍歴』（日本図書センター、2012年所収）

1923（大正12）年9月1日、清水幾太郎は関東大震災に遭遇する。翌9月2日、家族とともに千葉県市川の兵営に避難したとき、軍人が朝鮮人を殺したと言ったことに衝撃を受ける。さらには著書を通して共感を寄せていた大杉栄が殺されたことを知り、「軍隊は、私を殺すために存在する」と感じる。「日本の社会の秘密を一つ摑（つか）」むきっかけとなった関東大震災は、その後の清水の生涯に大きな影響を与えることになる。

9月3日

羽仁もと子（はに・もとこ／1873‐1957／ジャーナリスト、自由学園創立者）

あの広い場所がほんとうに一ぱいでした。恐らくあの軽井沢にいる限りの西洋人は、男も女も一人残らず集まったであろうと思われるほどに。そうして日本の帝都の遭遇した未曽有の災害に対して、軽井沢にいる外国人一同の深厚なる同情と、以前にもまさる完備せる東京の再建を熱心に待つという意味の意志を当局に通ずる決議をし、応急のために自分たちは何をなすべきかをきめるために、直ちに委員を選びました。

「大震災の時」（『羽仁もと子著作集』第14巻、婦人之友社、1969年所収）

関東大震災が起こったとき、羽仁もと子は軽井沢にいた。震災の状況が伝わると、9月3日の午後4時から「オーディトリアム」と呼ばれる集会堂に西洋人が集まり、自分たちは何をなすべきかにつき議論した。当時すでに軽井沢は別荘地として知られ、西洋人の宣教師たちがコミュニティを形成していた。軽井沢は日本の一地方にありながら、村の寄りあいとは違った会議の習慣が確立されていたのだ。会議は15～16人の日本人が傍聴し、50分足らずで終わったという。

9月4日

樋口謹一（ひぐち・きんいち／1924-2004／政治学者）

すべての次元における「政治体」を、ことにその「自尊心」的ナショナリスムのみに着目し、役割分担（＝分業）と代表ないし代行（＝指導・随従＝支配・服従＝不平等）による間接民主主義の原理のみに執着するならば、民主主義の形骸化をふせぎとめるすべはあるまい。それだけに、これらの全否定たる、ルソー的直接民主主義の理念に、わたしたちもあくまで固執すべきではあるまいか。

「ルソーのパトリオチスム」（桑原武夫編『ルソー論集』、岩波書店、1970年所収）

大阪府枚方（ひらかた）市の香里（こうり）団地に住み、京都大学人文科学研究所でルソーを研究していた樋口謹一は、60年安保闘争の直後に当たる1960（昭和35）年9月4日に団地に結成された「香里ケ丘文化会議」の主要メンバーとなった。団地内で民主主義を追求するという問題関心を他のメンバーと共有しつつ、樋口は香里団地が一つの「コミューン」となり、国家権力から独立することを目標として掲げていたように見える。『社会契約論』に記されたルソーの思想を、総戸数4900戸あまりの団地で実践しようとしたわけだ。

9月5日

山本義隆（やまもと・よしたか／1941-／科学史家、東大全学共闘会議議長、駿台予備学校講師）

東大闘争は帝国主義国家の知的中枢に位置している精神のゴミタメ的な東京大学の腐敗の中で、攻撃的知性を復権させる闘争であった。だが東京大学は告発にこたえることも出来なかった。ただ東大当局は「入試実施」を合言葉に旧秩序の復帰に狂奔し、あげくにぼくたちを国家権力に売り渡した。

「攻撃的知性の復権」（『知性の叛乱』、前衛社、1969年所収）

山本義隆が指名手配中の1969（昭和44）年2月に記した「攻撃的知性の復権」の一節。山本らは権力機構の頂点に位置する東大解体を唱え、大学構内をバリケード封鎖したために69年の入試は中止された。「旧秩序の復帰」を何よりも優先させた大学当局は、69年1月18日と19日に警視庁機動隊を大学構内に入らせ、封鎖を解除させた。9月5日に山本は逮捕されるが、東大に戻ることはなく、予備校の教師をしながら在野の学者として活躍することになる。

9月6日

谷崎潤一郎（たにざき・じゅんいちろう／1886-1965／作家）

…梅田、三宮、神戸の駅頭には関東罹災民を迎える市民が黒山のように雲集し、（中略）分けても梅田駅頭の活況は眼ざましいものがあったのに、驚いたことには、七条ステーション前の広場は森閑として、平日と何んの異なる所もない。私はそれを見て実に異様な気がしたものだった。この時ぐらい京都の土地柄をまざまざと見せつけられたことはなかった。

「私の見た大阪及び大阪人」（『谷崎潤一郎随筆集』、岩波文庫、1985年所収）

文中の「梅田駅」は大阪駅、「七条ステーション」は京都駅。1923（大正12）年の関東大震災に遭遇した谷崎潤一郎は、9月4日に鉄道で関西に移り、京都、大阪、神戸で3、4日過ごしたが、そこで大阪、神戸と京都の違いを目のあたりにした。罹災民をどんどん受け入れる大阪や神戸に対して、京都は門を固く閉ざしたように見え、他人の救済よりもまず自警団を組織して静まり返っていた。このとき谷崎は、大阪には住めても京都には住めないと感じた。100年後の今日、「京都の土地柄」は変わっただろうか。

9月7日

色川大吉（いろかわ・だいきち／1925-／歴史学者）

総選挙の勝敗を決したのは、安保闘争でも浅沼〔稲次郎〕の事件でもなく、この経済成長の実績と所得倍増政策が国民にあたえた夢であった。情勢は急速に移り変わり、世論は風のごとく速く動いていた。歴史において民衆の政治的昂揚はつねにおどろくほど短い。変革はその短い時期をとらえて迅速に行われなくては機を逸する。それが日本近代史を専攻してきた私が認めた真理の一つである。

『若者が主役だったころ』（岩波書店、2008年）

60年安保闘争後に首相となった池田勇人は、1960（昭和35）年9月7日の記者会見で憲法改正を否定し、経済重視の姿勢を強調した。11月の総選挙では自民党が圧勝した。安保闘争の余波を過大評価して革新側が勝つと公言した学者もいたが、自由民権運動を研究していた色川大吉はそうは考えなかった。国会前で樺美智子が死亡したのを機に、闘争は新たな局面に入った。このわずかな好機を逃した後ではもう民衆に勝ち目はない。自民党の圧勝は、色川の見方が間違っていなかったことを証明した。

9月8日

木戸幸一（きど・こういち／1889‐1977／太平洋戦争当時の内大臣。東京裁判でA級戦犯に指名される）

…今度の敗戦については何としても陛下に御責任あることなれば、ポツダム宣言を完全に御履行になりたる時、換言すれば媾和条約の成立したる時、皇祖皇宗に対し、又国民に対し、責任をおとり被遊(あそばされ)、御退位被遊が至当なりと思ふ。（中略）若し如斯(かくのごとく)せざれば、皇室丈(だけ)が遂に責任をおとりにならぬことになり、何か割り切れぬ空気を残し、永久の禍恨〔根〕となるにあらざるやを虞(おそ)れる。

粟屋憲太郎ほか編『東京裁判資料　木戸幸一尋問調書』（大月書店、1987年）

1951（昭和26）年9月8日、サンフランシスコ講和条約が調印され、日本の独立回復が認められた。木戸幸一は、独立回復に合わせて昭和天皇が退位すべきとの見解を日記に記した。しかし天皇は結局退位しなかった。戦争責任は曖昧なものになり、天皇が全国を回れば、再び戦前さながらの奉迎が繰り返された。木戸が恐れたような「何か割り切れぬ空気」が広がることはなかったばかりか、「日本は何も悪くなかった」という言説すら台頭するようになった。

9月9日

李香蘭（り・こうらん／1920 - 2014／「満洲国」で活躍した日本人女優、参議院議員）

中国語は美しい言語で、表意、表音とも絶妙なニュアンスと豊かな表現に満ちているが、半面、人を侮辱し罵倒するのにも痛烈な表現力を持つ。私を非難する記事にも、どぎつい用語が使われていた。

山口淑子（よしこ）、藤原作弥『李香蘭　私の半生』（新潮社、1987年）

1945（昭和20）年9月9日、中国国民政府は漢奸（かんかん）裁判の基本方針を明らかにした。上海にいた李香蘭こと山口淑子は、「日本関係女性漢奸」、すなわち「中国人でありながら中国を冒瀆する映画に出演することによって日本の大陸政策に協力し中国を裏切った」売国奴の筆頭に掲げられ、激しく非難された。このとき山口は、中国語と日本語の違いを思い知らされた。同じことを表現する場合でも、中国語のほうがはるかに語彙が豊富なのだ。山口は裁判にかけられたが、日本国籍を証明できたことで銃殺刑を免れ、かろうじて帰国する。

9月10日

小林一三（こばやし・いちぞう／1873-1957／阪急東宝グループ創業者）

必ず東京の事業には政治が伴ってゐる。或は近代の政治組織がこれに喰ひ入ってゐる。東京のあらゆる会社がさうであるといってよくはないかと思ひます。（中略）その点に行くと大阪はまことに遣りよい、何ら政治に関係して居らない。しかも政治に関係して居らないと殆んど政治といふものと実業といふものが分れて居るためにそういふ心配は少しもない。

「事業・東京型と大阪型」（『小林一三全集』第3巻、ダイヤモンド社、1962年所収）

山梨県出身で、東京の慶應義塾で学んだ小林一三が初めて大阪の地を踏んだのは、1893（明治26）年9月10日前後のことだった。だが小林はその後大阪で現在の阪急を創業し、大阪郊外の池田に生涯にわたって住み続ける。東京と大阪の違いがよくわかっていた小林は、大阪では純粋に民衆のための鉄道を目指さなければならないと考えた。慶應義塾で学んだ福沢諭吉の反官独立の思想を、小林は福沢自身が思想形成をした大阪で実践したことになる。

9月11日

紫式部（むらさきしきぶ／生没年不詳／一条天皇の中宮・彰子に仕えていた女房）

午の時に、空晴れて、朝日さしいでたる心地す。たひらかにおはしますうれしさの、たぐひもなきに、男にさへおはしましけるよろこび、いかがはなのめならむ。昨日しをれくらし、今朝のほど朝霧におぼほれつる女房など、みな立ちあかれつつやすむ。

『紫式部日記』（池田亀鑑、秋山虔校注、岩波文庫、1964年）

寛弘5（1008）年9月11日、一条天皇の中宮、藤原彰子が第二皇子を出産した。敦成親王、後の後一条天皇である。紫式部は、皇后、藤原定子から生まれた第一皇子の敦康親王に次ぐ親王の誕生を、空が晴れて朝日が昇った気分にたとえた。前日から心配のあまり霧に閉ざされたようになっていた他の女房たちも、みな同じ気分で部屋に戻って休んだのだろう。皇室に男子が生まれるのを喜ぶ気持ちは、現代にまで受け継がれている。

9月12日

E・G・ヴァイニング（1902-1999／米国人司書、皇太子明仁の家庭教師）

天皇陛下の御書斎は、（中略）本棚が四壁に並び、床には立派な絨氈（じゅうたん）が敷かれ、大きな、表面の平らなデスクの上には、どこにでも見る写真類やこまごました品物が並べられ、それに安楽椅子数脚、装飾品、大理石の胸像三個――十九世紀末や今世紀初頭の英国とアメリカの無数の書斎に見出されたに相違ない、あのリンカーンとダーウィンとナポレオンの三つの胸像である。

『皇太子の窓』（小泉一郎訳、文春学藝ライブラリー、2015年）

ヴァイニング夫人は、1947（昭和22）年9月12日、米国に一時帰国するに先立ち皇居に招かれ、当時昭和天皇と香淳皇后が住んでいた御文庫（おぶんこ）に入ることを許された。その一角にあった天皇の書斎に関する貴重な記録である。ナポレオン像は天皇自身がフランスを訪れたときに入手したもの、ダーウィンは生物学に対する興味を示すもの、リンカーンはこの人物に対する傾倒を示すものだという。昭和天皇は戦中から戦後にかけての時間を、この三人に囲まれて過ごしたことになる。

9月13日

バジョット（1826‐1877／イギリスのジャーナリスト）

秘密が君主の生命である。魔法を、白日の下にさらしてはならない。君主を、政治葛藤の中に引きずり込んではならない。（中略）君主に秘密の権限が存在することは、抽象的な理論によれば、わが立憲体制の欠点であるとされている。しかしそれは、イギリス程度の文明国にはありがちの欠点である。このような国では、はっきりした役に立つ権力が必要であるとともに、尊厳な、そしてそれゆえに不可知な権力もまた必要なのである。

『イギリス憲政論』（小松春雄訳、中公クラシックス、2011年）

ヴィクトリア女王の時代にバジョットは、英国の君主制がいかに優れているかを論じた。君主が憲法に規定されていない権力をもっていることは欠点のように見えるが、実はそうではない。君主が「不可知な権力」をもっていることで、憲政はかえって安定するからだ。2016（平成28）年8月に天皇が退位をほのめかす「おことば」を発表した後の9月13日、朝日新聞朝刊は91％が退位に賛成しているとする世論調査を報じた。天皇は退位を支持する圧倒的な民意を形成する「不可知な権力」を持っていることが証明されたのだ。

9月14日

小泉八雲（こいずみ・やくも／1850-1904／日本に帰化したギリシア生まれの作家、日本研究者）

…三番目の奥手にあるご神座からは金襴（きんらん）の帳（とばり）が引き上げられていて、その背後にこそ主神たる大国主神が祀られているのである。だが目に映るものといえば、ごく普通の神道の飾りものとご神座の外側だけで、その中のご神体は何人たりとも見ることを許されないのである。

「杵築（きづき）」（『神々の国の首都』、平川祐弘編、講談社学術文庫、1990年所収）

原文は英語。1890（明治23）年9月14日、小泉八雲は出雲大社を参拝し、外国人として初めて本殿に上がることを許された。出雲大社は大国主神をまつっている。しかし神体そのものは隠れていて見えない。建築様式が異なる伊勢神宮も、この点は共通している。日本では、より身分の高いもの、より貴いものは、いくら近づこうとしても見えないことによって威光や権威が高まるという、歴史を貫く一つの原理を言い当てているかのようだ。

9月15日

砂川ちよ（すながわ・ちよ／1901-1993／砂川町婦人会長）

日本の真の独立のための自衛なら、決して今さらこの飛行場の拡張など必要はありません。その事は日本人がよく知っています。真の独立国として責任を持たせていただければ、日本人はあくまであなたの国を含めた全世界のために、国連憲章にもまさる日本国憲法に従って責任を果たし得る民族であることを保証できると思います。

『砂川・私の戦後史　ごまめのはぎしり』（たいまつ社、1976年）

1955（昭和30）年5月、米軍立川基地を立川市に隣接する北多摩郡砂川町（現・立川市）に拡張する計画が発表されると、それに反対する町民と機動隊の間で激しい闘争が起こった。砂川ちよは同年9月14日、軽井沢にいた鳩山一郎首相に直訴しようと、砂川町の代表とともに面会を申し込み、15日に面会する。この間に一人一人の言い分を聞きながらとっさに書きあげたのが、ここに引用した米国大統領アイゼンハワーあての手紙だった。砂川を愛するパトリオティズムと、日本の真の独立を訴えるナショナリズムが見事に融合している。

9月16日

美空ひばり（みそら・ひばり／1937－1989／歌手）

…わたしは、労音だから民音だからというふうに考えたことはございません。みんな大事な、わたしの歌を聞いて下さるお客さまです。わたしに大切なのは、わたしの歌を心からよろこんで聞いて下さるお客さまです。その方々の政治的な立場など、どうでもいいのです。歌というものは、そういうものをこえたところにあるものではないでしょうか。

『ひばり自伝』（草思社、1989年）

1965（昭和40）年9月、美空ひばりは東京労音での初公演を行った。労音は勤労者音楽協議会の略称で、東京労音は日本社会党、次いで日本共産党や左派労働組合の影響下にあった。一方、民音は民主音楽協会の略称で、創価学会会長の池田大作の提唱によって設立された。美空は特定の政党や宗教団体のシンパや信者にはならず、歌というものを「そういうものをこえたところにある」ととらえた。地方公演のたびにあたかも天皇に匹敵する「生き神」のように美空が迎えられたのは、この「一視同仁」の考え方によるところが大きかった。

9月17日

アントニオ・ネグリ（1933-/イタリアの政治哲学者） マイケル・ハート（1960-/アメリカの政治哲学者）

フェイスブック、ツイッター、インターネット、その他のコミュニケーションのメカニズムはたしかに役に立つが、これらのメディアはどれも、身体的に一緒にいることや、現場で交わされる身体的なコミュニケーションに取って代わることはできない。そして、こうしたコミュニケーションこそが、集合的な政治的知性と行動の基盤なのである。

『叛逆　マルチチュードの民主主義宣言』（水嶋一憲ほか訳、NHKブックス、2013年）

2011年9月17日からニューヨークで発生した「ウォール街を占拠せよ」や同年にアラブ諸国で起こった「アラブの春」などの社会運動を分析したネグリとハートは、それらに共通する特徴として多くの人々が通りや広場を占拠し、泊まりこむことを挙げている。身体が近接しあい、コミュニケーションをとりあうことで、新たな政治的情動が生まれたと言うのだ。逆に言えば、仮に新型コロナウイルスの感染が広がり、SNSでしかやりとりができなくなるような事態に至れば、社会運動を起こすことは難しくなるということでもある。

9月18日

知里幸恵（ちり・ゆきえ／1903-1922／アイヌ女性）

…愛する私たちの先祖が起伏す日頃互いに意を通ずる為に用いた多くの言語、言い古し、残し伝えた多くの美しい言葉、それらのものもみんな果敢なく、亡びゆく弱きものと共に消失せてしまうのでしょうか。おおそれはあまりにいたましい名残惜しい事で御座います。

知里幸恵編訳『アイヌ神謡集』（ワイド版岩波文庫、2009年）

知里幸恵は、明治以降の和人による急速な開発とともに失われつつあったアイヌの神謡（カムイユカラ）を書き残そうと、祖母や叔母から聞いた神謡をアイヌ語で記した。引用したのは日本語で記されたその序文。幸恵は自分たちアイヌを「亡びゆく弱きもの」ととらえ、北海道の開発を「勝者」の言葉である日本語によって「敗者」の言葉であるアイヌ語が駆逐されてゆく過程ととらえている。幸恵は脱稿したまま1922（大正11）年9月18日に急逝したため、本書は金田一京助によって刊行された。

9月19日

大黒屋光太夫（だいこくや・こうだゆう／宝暦元（1751）-文政11（1828）／伊勢国の船頭）

…ウヲロンツヲーフ御まへ近く出（いで）よと有ける故、氈笠（けおりのかさ）を左の脇にはさみ拝せんとせしに、拝するに及ばず直（すぐ）に出よと有により、笠と杖とを下におき、御まへににじりより、かねて教へられしごとく左の足を折敷（おりしき）、右の膝をたて、手をかさねてさし出せば、女帝右の御手を伸（のべ）、指さきを光太夫が掌（たなごころ）の上にそとのせらるゝを三度舐（ねぶ）るごとくす。

桂川甫周『北槎聞略』（岩波文庫、1990年）

ロシアに漂流し、女帝エカチェリーナ2世から帰国を許された大黒屋光太夫を、蘭学者の桂川甫周が寛政5（1793）年9月に尋問した。ウヲロンツヲーフはロシアの貿易総取締高官。エカチェリーナ2世は日本人の船頭に面会したばかりか、右手を伸ばして指先を船頭の手のひらに接触させた。光太夫にとっては、最高権力者が女性であることも、その女性が近づいてきて体に触れてきたことも、到底信じられなかったに違いない。

9月20日

山田風太郎（やまだ・ふうたろう／1922－2001／作家）

日本人の根本的誤謬はその大半が未だに腹の底で「なあに支那なんか……」と考えていることだ。日清戦争の当時の頭が払拭できないことだ。が、ここ数世紀は共産中国こそアジアにおいてあらゆる意味での最大の国家となるであろう。

『戦中派復興日記』（小学館文庫、2014年）

1952（昭和27）年9月20日に書かれた山田風太郎の日記の一節。同年4月28日に日本は独立回復したが、米軍がなお駐留していた。多くの日本人は米国に対しては屈辱を感じていないのに、中国に対してはなお日清戦争のときと同様、自分たちのほうが上だと考えている。それを風太郎は「根本的誤謬」だとする。いまなお同様に考えている日本人は少なくはないだろう。しかし現実は、中国がアジアで「最大の国家となる」という風太郎の予言の正しさを証明している。

9月21日

安部公房（あべ・こうぼう／1924－1993／作家）

べつに、あわてて逃げだしたりする必要はないのだ。いま、彼の手のなかの往復切符には、行先も、戻る場所も、本人の自由に書きこめる余白になって空いている。それに、考えてみれば、彼の心は、溜水装置のことを誰かに話したいという欲望で、はちきれそうになっていた。（中略）

逃げるてだては、またその翌日にでも考えればいいことである。

『砂の女』（新潮文庫、1981年）

小説『砂の女』の最後の一節。砂穴の底に埋もれてゆく家に閉じ込められた男は、あらゆる手段を使って脱出を試みるも失敗し続ける。だがついに溜水装置の開発に成功したばかりか、同居する女が妊娠して外に運ばれ、脱出のための縄梯子がそのまま残された。しかし男は、念願の自由が獲得できたとは考えなかった。砂を利用した浄水の開発に成功した以上、強いて脱出する必要はなくなったと感じたからだ。1962（昭和37）年9月21日までに生存の届出が家庭裁判所になかったことで、男は失踪者と宣告された。

9月22日

ショウペンハウエル（1788‐1860／ドイツの哲学者）

最近の発言でありさえすれば、常により正しく、後から書かれたものならば、いかなるものでも前に書かれたものを改善しており、いかなる変更も必ず進歩であると信ずることほど大きな誤りはない。

「著作と文体」（『読書について　他二篇』、斎藤忍随訳、岩波文庫、1983年所収）

2020（令和2）年9月21日と22日、NHKは世論調査を行った。それによると、発足したばかりの菅義偉内閣の支持率は62%で、前月の安倍内閣の支持率を30%近くも上回った。内閣が交代すると、それだけで支持率が跳ね上がる。首相になった人物が過去にどういう発言をしていたかが顧みられることはない。ショウペンハウエルに言わせれば、それは世間をひろく支配しているのが「うごめく虫類」だからだ。「思索的頭脳の持ち主、正しい判断の持ち主、真剣に事柄を問題にする人々、すべてこの種の人々は例外にすぎない」。

9月23日

ジョアン・C・トロント（1952-／フェミニズム政治理論を研究するアメリカの学者）

ケア活動という観点からみれば、権力者であるとは、ケアをめぐる嫌な部分を他者に押し付け、自分にとって価値があると考えるケアの義務だけを引き受けられることを意味します。

『ケアするのは誰か？』（岡野八代訳、白澤社、2020年）

ジョアン・C・トロントにとって、民主主義の核をなすのはケアである。ケアは他者の必要を満たす活動全般を意味する。例えば天皇、皇后が地方の福祉施設を訪れるのはケア活動である。しかし彼らは高齢者や身障者に声をかけても、着替えや清掃などの労働を手伝うことはない。それは天皇、皇后が権力をもっているからだということとなる。ケアの配分の重要性を説くトロントの民主主義論は、見えざる権力の所在を明らかにする。

9月24日

西郷隆盛（さいごう・たかもり／文政10（1828）－1877／薩摩藩士、政治家）

…草創の初めに立ちながら家屋を飾り衣服を文り、美妾を抱えて、蓄財を謀りなば、維新の功業は遂げられまじきなり。今となりては戊辰の義戦も偏えに私を営みたる姿になり行き、天下に対し戦死者に対して面目なきぞとて、しきりに涙を催されける。

『大西郷遺訓』（林房雄訳、中公クラシックス、2017年）

西南戦争に敗れ、1877（明治10）年9月24日に自決した西郷隆盛に著書はない。『大西郷遺訓』（南洲翁遺訓）も、旧庄内藩の関係者が西郷から聞いた話をまとめたものだ。西郷とともに維新を成し遂げた大久保利通や大隈重信、伊藤博文らは、豪邸に住んで美女を集めるなど、贅の限りを尽くした。これでは戊辰戦争で幕府軍を破ってもまた幕府政治が再現したようなもので、第二、第三の維新が必要になるではないか。西郷のこうした嘆きは、遠く昭和初期にまで残響し、昭和維新運動を生み出す母体となった。

9月25日

ヒューム（1711-1776／イギリスの哲学者）

現存の、あるいは、史上に記録のある政府の起源は、ほとんどすべて、権力僭取かそれとも征服か、あるいは、これらの両方かにもとづいており、人民の公正な同意とか自発的な服従とかを口実にするものは、これまで全然ありませんでした。

『市民の国について』上（小松茂夫訳、岩波文庫、1952年）

ホッブズやロックの社会契約説を批判するヒュームの有名な言葉。彼によれば、政府というのは人々の合意や契約によって作られたわけではない。それどころか政府の大半は、武装した集団やそれに類する人々を起源としている。この説明は日本でも当てはまる。戦国の最終的な勝利者として成った徳川政権、戊辰戦争を勝ち抜いた明治政権、そして逆に太平洋戦争に敗北して連合国軍の占領統治下に置かれるところから始まった戦後政権。いずれもヒュームの説の正しさを証明していると言うべきだろう。

9月26日

英祖（ヨンジョ／１６９４－１７７６／朝鮮王朝の21代国王）

噫、蒼蒼の我に付くるは民なり。陟降して我に托するは民なり。噫其の常時に於けるや、厦氈と閭巷、便ち霄壌の若し。今日、其の君其の民は乃ち父母たりて其の子たるを知る。（中略）噫、蒼蒼の我を君と為すの命は、君の為に非ざるなり。乃ち民の為なり。

原武史『直訴と王権』（朝日新聞出版、１９９６年所収）

原文は漢文。書き下しは引用者による。朝鮮王朝の国王、英祖が英祖25年8月15日、つまり１７４９年9月26日にソウルの昌慶宮正門・弘化門前に集まった人々に述べた言葉。今日私ははっきり気づいた。ふだん私の住む宮殿と民の住む村里は、まるで天地ほどの開きがあるが、君と民の関係というのは本来、父母と子のようでなければならず、天が私に国王になるよう命じたのも民のためだったのだ。書き下し文として読んでも格調が高く、同時代の日本の将軍と比較してみたくなる。

9月27日

大江健三郎（おおえ・けんざぶろう／1935－／作家）

日本の敗戦から、被占領の全期間における、アメリカと日本の関係を「象徴」するものとして、一枚の写真が永遠に残る。昭和二十年九月二十七日、アメリカ大使館において、両腰に手を置いた明るい色のシャツとズボンのマッカーサー元帥と、黒い礼服で直立する天皇陛下。天皇が神として復活する日がもう決して来ぬことを、それは日本人に刻印する。

『取り替え子（チェンジリング）』（講談社文庫、2004年）

大江健三郎の小説の一節。1945（昭和20）年9月27日、東京のアメリカ大使館でマッカーサーと昭和天皇は初めて会い、第1回会談を行った。会談前には写真が撮影され、29日の新聞に掲載された。その写真は、現人神とされてきた天皇が、新たな支配者となった米国人と比べていかに小さく貧弱であるかを白日のもとにさらした。どちらがより大きな権力をもっているかは一目瞭然だった。占領期における米軍への武装抵抗の可能性は、写真一枚によって完全に封じられた。

9月28日

朝日平吾（あさひ・へいご／1890－1921／政治活動家）

…現下ノ社会組織ハ国家生活ノ根元タル陛下ト臣民トヲ隔離スルノ甚ダシキモノニシテ、君民一体ノ聖慮ヲ冒瀆シ奉ルモノナリ、（中略）従テ君側(くんそく)ノ奸(かん)ヲ浄メ奸富ヲ誅スルハ日本国隆昌ノタメノ手段ニシテ国民大多数ノ幸福ナルト共ニ真正ノ日本人タル吾等当然ノ要求ナリ権利ナリ。

「死ノ叫声」（『現代史資料4　国家主義運動1』、みすず書房、1963年所収）

皇太子裕仁がヨーロッパから帰国した1921（大正10）年9月3日、朝日平吾は遺書「死ノ叫声」を書いた。朝日は、「君民一体」の「国体」を明らかにするにはそれを阻害している「君側の奸」を排除しなければならないとして、9月28日に安田財閥の当主、安田善次郎を暗殺する。当時は大正天皇の病気が進み、皇太子を摂政にするための天皇像の転換が政府により進められていた。この上からの転換に呼応する形で、下からの新しいナショナリズム、すなわち超国家主義が台頭するのである。

9月29日

本居宣長（もとおり・のりなが／享保15（1730）-享和元（1801）／国学者）

…後世、国天下を治むるにも、まづは其時の世に害なきことには、古へのやうを用ひて、随分に善神の御心にかなふやうに有べく、又儒を以て治めざれば治まりがたきことあらば、儒を以て治むべし。仏にあらではかなはぬことあらば、仏を以て治むべし。是皆、其時の神道なれば也。

「鈴屋答問録」（『うひ山ふみ　鈴屋答問録』、村岡典嗣校訂、岩波文庫、1934年所収）

本居宣長が享和元（1801）年9月29日に死去した後に発刊された門人との問答集の一節。宣長は、儒教や仏教が大陸から入って来る前の「古へのやう」が純粋に保たれた時代の日本の姿を理想としながら、そこに戻れとは言わない。それどころか、儒教でなくてはうまく統治できないときには儒教を用い、仏教でなくてはうまく統治できないときには仏教を用いることが神道にかなっていると言っている。原理原則なき究極のオポチュニズムである。すべての政治的行為はこうして正当化されることになる。

9月30日

マルクス・アウレーリウス（121-180／ローマ帝国の16代皇帝）

…私は同胞にたいして怒ることもできず、憎む事もできない。なぜなら私たちは協力するために生まれついたのであって、たとえば両足や、両手や、両眼瞼（がんけん）や上下の歯列の場合と同様である。それゆえに互いに邪魔し合うのは自然に反することである。

『自省録』（神谷美恵子訳、岩波文庫、2007年）

マルクス・アウレーリウスはストア派の哲学者でもあった。ストア派は、「悪いことをする者自身も天性私と同胞」であり、すべての人間は「叡智と一片の神性を共有している」という前提に立つ。ここで言う人間のなかに女性や奴隷が含まれるのかどうかは明言されていないが、我々は本来、一人残らずコスモポリタンだとする。国家を超える世界市民という視点が、2世紀のローマには早くも生まれていたのである。

10月

10月1日

羽仁五郎（はに・ごろう／1901-1983／マルクス主義歴史学者、羽仁もと子の娘婿）

…団地の民主化は、公団を廃止し、団地を公団の手から都市自治体の手にとりもどされなければならない。

『都市の論理』（勁草書房、1983年）

1960年代の都市部には団地が次々に建設され、多くの団地で自治会が結成された。政治学者のなかには、自治会を住民自治を強化するための団体として評価する向きもあった。しかし羽仁五郎に言わせれば、団地が日本住宅公団という特殊法人によって管理されている限り、民主化はあり得ない。真の民主化は、国家と対立する革新自治体のもとに団地を置くことで達成されるのだ。日本住宅公団は1981（昭和56）年10月1日に廃止されたが、公団自体は廃止されず、団地の管理は住宅・都市整備公団に受け継がれた。

10月2日

ボナー・フェラーズ（1896-1973／米国の陸軍准将）

もしも天皇が戦争犯罪のかどにより裁判に付されるならば、統治機構は崩壊し、全国的反乱が避けられないであろう。国民は、それ以外の屈辱ならばいかなる屈辱にも非を鳴らすことなく耐えるであろう。彼らは武装解除されているにせよ、混乱と流血が起こるであろう。何万人もの民事行政官とともに大規模な派遣軍を必要とするであろう。占領期間は延長され、そうなれば、日本国民を疎隔してしまうことになろう。

「最高司令官あて覚書」（山極晃ほか編『資料日本占領1　天皇制』、大月書店、1990年所収）

マッカーサーとともに来日したボナー・フェラーズは、マッカーサーと昭和天皇の第1回会談が行われてから5日後の1945（昭和20）年10月2日、マッカーサーあての覚書を記した。天皇が戦犯として裁かれれば「混乱と流血」が起きる。大規模な軍隊の派遣と占領の長期化が必至となる。マッカーサーが天皇を訴追しなかったのは、この覚書が影響を与えたからだと言われている。後年、フェラーズは、個人的に交流のあった女性の教育者、河井道（みち）から協力を得たと回想している。

10月3日

東直子（ひがし・なおこ／1963- ／歌人、作家）

神功（じんぐう）皇后様は、いさましかお姫様やけん、あんたらもようお参りして、いさましくなるとやなあ、は、は、は

『いとの森の家』（ポプラ文庫、2017年）

福岡県の糸島半島を舞台とする東直子の小説のなかに、地元の古老が出てくる。主人公の少女らが神社に迷い込み、鎧掛松（よろいかけまつ）という名の大きな木の幹を見つけたとき、古老が現れて鎧の由来を説明する。神功皇后が三韓征伐を行うに際して、ここの井戸で染めた鎧を着て軍勢を先導したと言うのだ。『日本書紀』によれば、神功皇后が対馬の鰐浦を出て朝鮮半島に向かったのは、仲哀天皇9年10月3日だった。もちろんこれは伝説だが、福岡県には神功皇后に関する民間伝承が多く残っている。古老の語る皇后像は、明治以降に政府が作り出そうとした皇后像とは明らかにズレがある。

10月4日

樋口一葉（ひぐち・いちよう／1872-1896／作家）

待合といふものはいかなる物にや　おのれはしらねと只もしの表よりみれはかり初に人を待あわすのみの事なめりとみるにあやしう唄女なと呼上て酒打のみ燈あかうこゝるひくゝ夜更るまて打興すめり（中略）地そ軽減をとなふるの有志家預算の査定に熱中するの代議士かゝる遊ひに費すのこかねのをしからすとは不学不識のもののしれかたき事にこそ

「蓬生日記」（松坂俊夫編『作家の随想2　樋口一葉』、日本図書センター、1996年所収）

1891（明治24）年10月4日の日記。「もし」は文字。「こかね」は黄金。この日、樋口一葉は「待合」について記している。それはただの待ち合わせ場所ではなく、地租軽減を唱える有志家や予算の査定に熱中する代議士が芸者を呼び、酒を飲み、灯をつけて夜更けまで遊びながら政治上の裏取引を工作する場所になっている。一方ではいくら働いても食えない大衆がいるのに、他方ではこんなことに金を費やしている政治家がいる。戦後も長らく続けられた「待合政治」は、すでにこのころから盛んに行われていた。

10月5日

江藤淳（えとう・じゅん／1932－1999／文芸評論家）

…自衛隊が今日ふたたび天皇親裁の軍隊になれば、私はそれを日本の軍隊と感じることができるようになるであろうか。（中略）私にはそうは思われない。もしそういうことがおこれば、それは自衛隊の復権であるよりさきに、皇室そのものの権威をおとしめることになるであろう。なぜなら今日いわゆる「自主防衛」とは、決して日本人による日本の自主的な防衛ではあり得ないからである。

「『ごっこ』の世界が終ったとき」（『一九四六年憲法――その拘束』、文春学藝ライブラリー、2015年所収。傍点原文）

江藤淳は言う。戦後の日本には常に「米国」が介在している。自衛隊をたどって行けば米国の極東戦略にぶつかる。その一環を分担させられている限り、「自主防衛」は「自主防衛ごっこ」でしかない。この状況下で自衛隊を天皇親裁の軍隊に変えても、天皇を米軍のしもべにするだけだ。三島由紀夫は1968（昭和43）年10月5日に民間防衛組織「楯の会」を組織することで、「ごっこ」のなかに「ごっこ」を作り出している。

10月6日

神谷美恵子（かみや・みえこ／1914－1979／精神科医）

空がだんだん紫がかり、次第に濃紫、濃紺、灰色と変って行くまで、身じろぎもせずに立ちつくしていた。あれはどういうことだったのだろう。よくはわからないが、おそらく幼いころからあこがれてやまなかった平和と、その平和を生み出す美とをそこで体験したのではないかと思う。

『神谷美恵子　島の診療記録から』（平凡社、2017年）

神谷美恵子は、親の仕事の都合で9歳から12歳までをスイス・ジュネーブで過ごした。当時は毎夕自転車に乗り、坂の上から夕陽に光るレマン湖の水面をながめた。人間の世界には見出しえない調和と美と平和とが大自然にあることを確かめて家路についた。少女時代のこの体験が後年、悲しみと絶望の淵に沈むことを防いだという。1965（昭和40）年10月6日に初めて皇太子妃美智子（現・上皇后）に会って以来、7年間にわたってカウンセラーを務めた際も、この体験が皇太子妃に生きる力を与えたのではなかったか。

10月7日

橋本左内（はしもと・さない／天保5（1834）-安政6（1859）／幕末の志士、福井藩士）

…世間には愚俗多く候故、学問を致し候と兎角驕慢の心起り、浮調子に成りて、或ひは功名富貴に念動き、或ひは才気聡明に伐り度き病、折々出で来候ものにて候。これを自ら慎み申すべきは勿論に候へども、茲には良友の規箴、至つて肝要に候間、何分交友を択み、吾が仁を輔け、吾が徳を足し候工夫これ有るべく候。

『啓発録』（伴五十嗣郎訳注、講談社学術文庫、1982年）

安政の大獄により安政6（1859）年10月7日に斬首された橋本左内は、嘉永元（1848）年に生涯の指針となる『啓発録』を著した。そのなかで左内は、学問について述べている。なまじ学問を修めると驕慢になり、功名心や虚栄心が生じる。この病に陥らないようにするには、友人から戒めてもらうしかない。交わるべき友人を選ぶのが肝心だ。それができなければ、学問は人間が身につけるべき徳にとっての障害となる。自分のためではなく、世の中のために学問を生かす方法を、左内は模索していた。

10月8日

大正天皇（たいしょうてんのう／嘉仁（よしひと）／1879-1926）

東北の訛（なまり）に就いては兼ねても聞及び居るが、実際耳にする処に拠れば極めて不明瞭の節多し。是にては、伝令伝騎若しくは通信上に関して支障を生ずる事なきや。（中略）イネと云ふのがウネと聞え、其他名詞にも動詞にも一般発音の上にて甚だ訛音（かおん）多し。之れを矯正するには如何にせば最も有功にして最も速かなるを得べきか。

原武史『大正天皇』（朝日文庫、2015年）

1908（明治41）年10月3日から8日まで、皇太子嘉仁（よしひと）（後の大正天皇）は東北地方視察の一環として、仙台に滞在した。10月8日の『河北新報』は、偕行社で県知事や師団長を相手に東北弁について発言する皇太子の言葉を収録している。東京生まれで東京育ちの皇太子にとって、東北弁は同じ日本語とは思えなかったのだろう。明治以降に国民国家が確立されたと言われるが、実際には話し言葉の統一すら進んでいなかったことがわかる。

10月9日

大杉栄（おおすぎ・さかえ／1885-1923／社会活動家、アナキスト）

「…とくに私のところへ無心にきたわけは？」

「政府が僕らを困らせるんだから、政府へ無心にくるのは当然だと思ったのです。そしてあなたならそんな話は分かろうと思ってきたんです。」

「そうですか、分かりました。で、いくら欲しいんです。」

「今急のところは三、四百円あればいいんです。」

「自叙伝」（『自叙伝・日本脱出記』、岩波文庫、1971年所収）

1916（大正5）年10月9日、寺内正毅内閣が成立し、後藤新平が内務大臣となった。その直後に大杉栄は内務大臣邸を訪ね、後藤に会って金を要求したところ、すぐに300円をもらい受けた。内務大臣が、会ったこともなかった一介のアナキストに対して、ぽんと大金を渡したのだ。両者の政治的立場の隔たりを踏まえれば信じがたい話だが、後藤ならばわかってくれるものと見込んだ大杉の狙いは見事に的中したことになる。

10月10日

植木枝盛（うえき・えもり／安政4（1857）-1892）／思想家、政治家

男子にして独り参政権を行い、国民を代表さするも婦人の痛痒を見わし難し。婦女は自ら参政権を有せざるも男子よくこれを代表するが故に可なりとの議論は実に杜撰も甚しと謂うべきなり。

「男女の同権」（家永三郎編『植木枝盛選集』、岩波文庫、1974年所収）

植木枝盛は1888（明治21）年に「男女の同権」を発表し、男女同権の立場から積極的に女性参政権を主張した。たとえ女性に参政権を与えなくても、選挙で当選した代議士は国民全体を代表しているのだから女性の代表でもあるという反対論に対して、ずばり男性には女性の「痛痒」はわからないと断言している。ちなみに幣原喜重郎内閣が女性参政権を閣議で決定したのは、敗戦直後の1945（昭和20）年10月10日だった。

10月11日

ベアテ・シロタ・ゴードン（1923-2012／オーストリア生まれの米国人女性、GHQ憲法草案制定会議のメンバー）

子供が生まれないというだけで離婚される日本女性。家庭の中では夫の財布を握っているけれど、法律的には、財産権もない日本女性。「女子供」（おんなこども）とまとめて呼ばれ、子供と成人男子との中間の存在でしかない日本女性。これをなんとかしなければいけない。女性の権利をはっきり掲げなければならない。

『1945年のクリスマス』（平岡磨紀子構成、朝日文庫、2016年）

1945（昭和20）年10月11日、GHQは日本政府に婦人の解放と参政権授与に関する指令を出した。翌年2月、GHQ民政局人権小委員会に属したベアテは、各国の憲法を参考にしながら、日本国憲法の条文となる両性の本質的平等を明記することに尽力した。戦前の日本に滞在し、敗戦後に再来日したベアテの脳裏には、「赤ん坊を背負った女性、男性の後をうつむき加減に歩く女性、親の決めた相手と渋々お見合いをさせられる娘さんの姿」が浮かんだという。日本での体験が条文に反映されたのだ。

10月12日

佐藤昭子（さとう・あきこ／1928-2010／田中角栄の秘書、「越山会の女王」と呼ばれた）

手紙には丁寧な言葉で、概略、次のように述べられていた。一時、議員バッジをはずしていただけないだろうか。そうしてもらえれば自民党は大勝できるし、あなたも選挙に勝てば復権できるのではないでしょうか……。（中略）／私は中曾根総理に返事を書いた。この手紙は田中に見せません、と。／田中の気持ちは私が一番よく知っている。日本国総理の尊厳を気にかけ、無実を訴えている田中は、議員を辞めるつもりなどない。

『決定版　私の田中角栄日記』（新潮文庫、2001年）

1983（昭和58）年10月12日、元首相の田中角栄に懲役4年、追徴金5億円の実刑判決が下った。この判決の直後、首相の中曽根康弘は田中に議員辞職を促す手紙を書いたが、佐藤昭子はこれを握りつぶした。田中を裏で支える女性の存在は、まるで男性が政治、女性が祭祀をつかさどる古代の「ヒメヒコ制」を思わせる。2003（平成15）年、こんどは首相の小泉純一郎が中曽根に政界引退を要請する。中曽根は抵抗するが、田中と違って引退に追い込まれた。

10月13日

馬場タケ子（ばば・たけこ／生没年不詳／東京都北多摩郡砂川町（現・立川市）の町立砂川中学校3年生）

思い出すだけでぞっとするあの日／乱闘服を乗せた装甲車が／土煙をあげて／何台も何台も砂川に来た／警官は「もんぺ」姿のおばさんを蹴った／労組のおじさんをなぐった／わたしの姉もふみ倒した

「あの日」（宮岡政雄『砂川闘争の記録』、御茶の水書房、2005年所収）

砂川闘争を目撃した中学3年生の詩の一節。「あの日」は米軍の立川基地を立川市に隣接する北多摩郡砂川町（現・立川市）に拡張する計画を進めていた政府側の警官隊と、それに反対する砂川町の農民や労働者、学生が激突した1956（昭和31）年10月13日を指す。まさに内乱を思わせる流血の格闘が繰り広げられた末、警官隊や測量隊は土地の測量をあきらめて引き揚げた。この日の夜、政府は測量中止を決定し、計画は撤回されることになる。

10月14日

出口すみ（でぐち・すみ／1883－1952／出口王仁三郎の妻、大本愛善苑（現・大本）第2代教主）

わたしの念願は国だの宗教だのという垣根をとって、世界中がみんな親子兄弟になって仲良く暮す世の中をつくることだと思います。（中略）神様からごらんになればみんな親子兄弟でありますから、いまこそアメリカとロシアの人たちが、手と手をにぎり合ってケンカしないことになれば、すぐにも世界が平和になるのであります。

「人類愛善会二代総裁就任の挨拶」（『大本七十年史』下巻、大本、1967年所収）

1949（昭和24）年12月、大本教団の外郭団体である人類愛善会が再発足し、出口すみが亡夫の王仁三郎を継ぐ総裁になった。すみは、人類は本来兄弟同胞であり一心同体であるとする王仁三郎の遺志を継承する形で、「世界連邦運動」を推進しようとした。この運動は国家を廃止して世界憲法、世界議会、世界政府、世界裁判所などを設置しようとするものだった。すみはこの運動を神の経綸によるものだとした。50年10月14日、教団本部のある京都府綾部市は、日本で初めて世界連邦都市を宣言している。

10月15日

中江兆民（なかえ・ちょうみん／弘化4（1847）-1901／思想家）

吾人がかくいへば世の通人的政治家は必ず得々として言はん、それは十五年以前の陳腐なる民権論なりと。欧米強国には盛に帝国主義の行はれつつある今日、なほ民権論を担ぎ出すとは世界の風潮に通ぜざる流行後れの理論なりと。しかりこれ民権論なり。しかりこれ理論としては陳腐なるも、実行としては新鮮なり。

「考へざるべからず」（松永昌三編『中江兆民評論集』、岩波文庫、1993年所収）

中江兆民が死の前年に当たる1900（明治33）年10月に記した評論の一節。世界史的に見れば帝国主義の時代で、日本もまた日清戦争の勝利を機に「帝国」への道を歩み始める。そんな時代になお民権論を唱えるのは「流行後れ」ではないか。この批判に兆民は答える。日本では民権論が政府につぶされ、いまだ実行されていない。知ったつもりでいることと、それが実行されていることとは違うのだ。戦後の民主主義にも通じる言葉である。

10月16日

サルトル（1905－1980／フランスの哲学者、作家）

しかしなんてまあ君は、そう純粋さに執着するんだ。なんだってそう手を汚すことを怖れるんだ。そんなら純粋でいるがいい。だがそれが誰の役に立つのか？（中略）純粋さとは、行者や修道士の思想だ。君たちインテリ、ブルジョアのアナーキストは、純粋さを口実にしてなにもしない。（中略）わしは、このわしは汚れた手をしている。肘まで汚れている。

「汚れた手」（白井浩司ほか訳、『サルトル全集』第7巻、人文書院、1981年所収）

1948年頃に書かれた東欧にある架空の国家を舞台とするサルトルの戯曲の一節。労働者政党の実力者エドレルは、政治的妥協を腐敗として批判するアナーキストのユゴーが固執する倫理的純粋性の欺瞞をつき、政治家として結果を出すためには倫理や原則に反する手段を厭うべきではないとする。迫りくるソ連の軍事力に対抗するには、敵対する政党と妥協して与党になるしかないと考えるのだ。ここには政治と倫理の関係をめぐる本質が語られている。

10月17日

ボーヴォワール（1908-1986／フランスの哲学者、作家）

彼女たちは、へとへとに疲れるような状態の中で、毎日、日曜日までも（あたかもその日は日曜日だった）、日に八時間働くのである。公けに定められた法規があるにもかかわらず、彼女たちは男性より低い賃金しか与えられていない。その上、――どこの国でもそうだが――家事いっさいをとりしきるのは彼女たちである。

『決算のとき』下（朝吹三吉、二宮フサ訳、紀伊國屋書店、1974年）

1966（昭和41）年10月、サルトルとともに日本を訪問したボーヴォワールは、福岡県北九州市の門司で「女沖仲仕（おんなおきなかし）」と呼ばれる女性の港湾労働者をインタビューした。彼女らは貨物船からの荷揚げや荷下ろしに従事し、男性と全く同じ仕事をこなしていたが、ボーヴォワールはそこに日本の男女格差の実態をありありと見た。彼女らの一人は、「腹の中をぶちまけようと思えば、言いたいことは山ほどある」と断言した。

10月18日

森鷗外（もり・おうがい／文久2（1862）-1922／作家、医師）

午後吏来りて硼酸（ほうさん）水二種を求む。一は四％一は二％なり。彼は殿下の身辺の諸物を拭（ぬぐ）ふに供し、此は屋内を拭ふに供す。是れ宮内省の慣例なり。

「小倉日記」（『森鷗外全集13　独逸日記　小倉日記』、ちくま文庫、1996年所収）

1900（明治33）年10月18日、福岡県小倉の師団司令部で軍医の森鷗外は日記にこう書いた。皇太子嘉仁（後の大正天皇）が小倉を訪れ、師団司令部にも立ち寄ることが急遽決まったのに伴い、役人が二種類のホウ酸水を要求した。一方は皇太子の身辺のものを拭（ふ）くため、他方は室内を拭くためだという。鷗外は、消毒のためにホウ酸水を用いるとは聞いたことがないと反発するが、慣例だからと押し切られてしまう。医学の専門知識も皇室の前ではなすすべもなかった。

10月19日

上田七加子（うえだ・なかこ／1929-2020／日本共産党委員長、議長を務めた不破哲三の妻）

私は社会科学研究会で、マルクスやエンゲルスの古典をあらためて勉強しました。この勉強会は意外と好評でした。とくに三〇代の主婦が多く、みんなまじめで勉強熱心でした。会では二週間に一度、チューターの当番を決めて研究発表をし、討論もします。

『道ひとすじ』（中央公論新社、2012年）

1960年代に東京都北多摩郡久留米町（現・東久留米市）のひばりが丘団地に不破哲三（上田健二郎）と住んでいた上田七加子は、62（昭和37）年10月19日に設立された「新日本婦人の会」の活動として、団地内で勉強会を始めた。夫たちが都心へ通勤に出ていったあと、団地の主婦たちが集まり、「科学的社会主義」を勉強する。60年代に東京郊外の団地で日本共産党が勢力を伸ばしてゆく背景には、従来の男性中心の方針を転換し、女性の支持者を増やすための戦略があったことがわかる。

10月20日

金子文子（かねこ・ふみこ／1904-1926／アナキスト）

指導者は権力を握るであろう。その権力によって新しい世界の秩序を建てるであろう。そして民衆は再びその権力の奴隷とならなければならないのだ。しからば、××とは何だ。それはただ一つの権力に代えるに他の権力をもってすることにすぎないではないか。

『何が私をこうさせたか』（岩波文庫、2017年）

関東大震災発生直後の1923（大正12）年9月3日、金子文子は夫の朴烈（パクヨル）とともに逮捕され、25年10月20日に起訴された。獄中に入ると、遺書を書くつもりで自伝の執筆を始めた。この自伝のなかで文子は自らの思想遍歴を振り返り、社会主義に惹かれながらもそのまま受け入れることができない理由を記している。引用文中の××が革命を指しているのは明らかだろう。文子は獄中でロシア革命後に成立したソ連の行く末を、この時点で言い当てていた。

10月21日

野上彌生子（のがみ・やえこ／1885－1985／作家）

大宅氏は従来もちだしたかつた騒乱罪を実施するため、新宿駅のさわぎをわざと拡大させたのではないか。学生の打つ手は当局は十分わかつてゐたはづだから、あらかじめ対策をとと〔の〕へておいたらあれほどの暴れ方をさせなく〔て〕もすんだらう。それだのに仕度い放題にするに任せたのには、当局のこんたんがあつたのだらうと指摘した。

『野上彌生子全集』第Ⅱ期第16巻（岩波書店、1989年）

1968（昭和43）年10月21日、国鉄新宿駅が新左翼の学生らによって占拠され、騒擾罪で743人が逮捕された。野上彌生子は、この事件についてテレビで語る評論家の大宅壮一の言葉に耳を傾けた。その言葉から反射的に思い出したのは、52年5月1日に皇居前広場で起こった「血のメーデー事件」が、破壊活動防止法を国会で通過させる呼び水になったことだった。「大宅氏の推量もたんなる想像にはとどまらないかもしれない」と考えた彌生子の脳裏には、16年前の光景が広がっていた。

10月22日

林芙美子（はやし・ふみこ／1903-1951／作家）

その支那兵の死体は一つの物体にしか見えず、さっき、担架の上にのせられて行った我が兵隊に対しては、沁み入るような感傷や崇敬の念を持ちながら、この、支那兵の死体に、私は冷酷なよそよそしさを感じる。その支那兵の死体に対する気持は全く空漠たるものなのだ。（中略）しかも民族意識としては、これはもう、前世から混合する事もどうも出来ない敵対なのだ。

『北岸部隊【伏字復元版】』（中公文庫、2002年）

1938（昭和13）年10月22日、従軍作家部隊の一員として日中戦争さなかの中国大陸に渡り、漢口（現・武漢）に向かう途中、林芙美子はまさに日中両軍が戦う現場を通った。中国人も日本人と同じ人間なのに、中国人の死体を見ても物体としか感じない。この感情は動かしがたいものであり、林はそれを前世からの宿命のように述べる。戦争がいかに「普通の日本人」の感覚を麻痺させるかを考える上で、重要な示唆を与えている一節ではないか。

10月23日

細川護熙（ほそかわ・もりひろ／1938‐／政治家、第79代首相）

…皇后陛下のことを週刊誌等がいろいろ書きおる件につき、直々に「事実でない報道には大きな悲しみと戸惑いを覚えます」とのご発言あり。しかし、思うに、そのようなことは、宮内庁事務当局が楯となりて言うべきことにて、皇后陛下の御心〔宸〕襟を患わすことにあらず。宮内庁は一体何をしているのか、とこれも石原副長官をして言わしむ。

『内訟録　細川護熙総理大臣日記』（日本経済新聞出版社、2010年）

首相の細川護熙は1993（平成5）年10月23日の日記にこう書いた。「石原副長官」は石原信雄内閣官房副長官。皇后美智子（現上皇后）は、同年の『週刊文春』の記事から始まった一連の反皇后キャンペーンに反論する文書を、3日前の誕生日に公表していた。この文書は宮内庁長官のチェックを受けていなかった。細川は、宮内庁の対応を批判しながら、皇后の「ご発言」にも違和感をもったのではないか。こうした出来事が起こること自体、当時の宮中における皇后の発言力の大きさと宮内庁の無力さを反映している。

10月24日

渡辺清（わたなべ・きよし／1925-1981／戦艦武蔵乗組員、作家）

私の海軍生活は四年三カ月と二十九日ですが、そのあいだ私は軍人勅諭の精神を体し、忠実に兵士の本分を全うしてきました。戦場でもアナタのために一心に戦ってきたつもりです。それだけに降伏後のアナタには絶望しました。アナタの何もかもが信じられなくなりました。そこでアナタの兵士だったこれまでのつながりを断ちきるために、服役中アナタから受けた金品をお返ししたいと思います。

『砕かれた神』（岩波現代文庫、2004年）

1944（昭和19）年10月24日の戦艦武蔵沈没に際し奇跡的に生還した渡辺清は、戦後に昭和天皇が何の責任もとらずに在位し続けたことに絶望した。考えあぐねた末、渡辺は天皇あての手紙を書くことにした。そこには俸給、食費、被服、「御下賜品」を換算した4282円の内訳が細々と記され、手紙の最後は「私は、これでアナタにはもうなんの借りもありません」という一文で結ばれた。戦艦武蔵とともに海底に沈んだ死者たちの声を、渡辺は代弁していたのかもしれない。

10月25日

柄谷行人（からたに・こうじん／１９４１－／思想家、文芸評論家）

…戦後憲法一条と九条の先行形態として見いだすべきものは、明治憲法ではなく、徳川の国制（憲法）です。（中略）象徴天皇をいう憲法一条と、戦争放棄をいう九条は明治憲法にないものです。が、それは日本史においてまったく新しいものだとはいえない。ある意味で、明治以前のものへの回帰なのです。

『憲法の無意識』（岩波新書、２０１６年）

日本国憲法の一条は象徴天皇制、九条は戦争放棄を定めている。この憲法と大日本帝国憲法の条文は著しく異なる。だが柄谷行人に言わせれば、それ以前の徳川体制とはよく似ている。象徴天皇制が定着し、かつ保守派が改正を試みようとしても九条が執拗に残ってきたのは、寛永14（１６３７）年10月25日に勃発した島原の乱以降大規模な反乱がなく、「徳川の平和」が２００年以上にわたって続いてきたことで、日本人のなかに醸成された「無意識」が関わっているからなのだ。柄谷はフロイトの説を応用しながら、こう説明する。

10月26日

ジョン・リード（1887-1920／米国のジャーナリスト）

恐らく有史以来もっとも敬愛された指導者の一人、群衆の人気者としては、ぱっとしない姿である。民衆の指導者としては奇妙な――純粋に知性の力だけで指導者になった人物だ。精彩を欠き、ユーモアを欠き、非妥協的で、孤立し、絵画的特徴をもたぬけれども――深い思想を単純な言葉で説明し、具体的な状況を分析する力をそなえている。

『世界をゆるがした十日間』（小笠原豊樹、原暉之訳、ちくま文庫、1992年）

ロシア十月革命でソビエト政権が樹立された翌日の1917年10月26日（ユリウス暦）、第2回全ロシア・ソビエト大会に出席したレーニンの姿を、ジョン・リードは初めて目のあたりにした。その姿は見すぼらしかったが、言葉の力は抜きんでていた。全く外見に左右されず、演説の才能だけで革命の指導者になったことにリードは驚いたのだ。公共の空間で天皇がほとんど肉声を発さず、外見的なイメージでカリスマ性を演出することに腐心した近代天皇制とはまさに対照的である。

10月27日

レーニン（1870-1924／革命家、ソビエト社会主義共和国連邦初代指導者）

プロレタリア国家のブルジョア国家との交替は、暴力革命なしには不可能である。プロレタリア国家の揚棄(ようき)、すなわちあらゆる国家の揚棄は、「死滅」の道による以外には不可能である。

『国家と革命』（宇高基輔訳、岩波文庫、1957年）

1917年にロシアで起こった十月革命の直後に発表された『国家と革命』第1版にある有名な言葉。「揚棄」はドイツ語のアウフヘーベンで、止揚とも言う。暴力革命に関する言及は『共産党宣言』にもあったが、レーニン率いるボルシェヴィキによる革命の成功が、この言葉に説得力を与えた。戦後の日本共産党が一時期武装闘争路線を採用したのも、暴力革命論から影響を受けていたからだ。共産党が55（昭和30）年にこの路線を放棄してからも、暴力革命論は新左翼に継承され、60年代から70年代にかけてさまざまな事件を引き起こした。

10月28日

ドストエフスキー（1821-1881／ロシアの作家）

…最後には、彼らがわれわれの足もとに自由をさしだして、《いっそ奴隷にしてください、でも食べものは与えてください》と言うことだろう。ついに彼ら自身が、どんな人間にとっても自由と地上のパンとは両立して考えられぬことをさとるのだ。

『カラマーゾフの兄弟』上（原卓也訳、新潮文庫、2004年）

『カラマーゾフの兄弟』の「大審問官」に出てくる有名な一節。「彼ら」は民衆を、「われわれ」は大審問官たちを指す。ここで語られているのは、「パン」が与えられれば代わりに「自由」を差し出すということであり、逆に言えば「パン」に象徴される最低限度の生活が保障されることによってしか、「自由」に対する制限の正当性を主張することはできないということだ。2020年から21年にかけてのコロナ禍のもとで、営業時間の短縮や休業を要請された飲食店の店主が、十分に生活できる協力金が支給されれば喜んで政府の要請に従うと言っていたことを思い出させる。

10月29日

石牟礼道子（いしむれ・みちこ／1927-2018／作家）

私思いますのに、人権という言葉がございます。いわゆる個人の権利ということで、これは歴史の浅い言葉で、まだ使いこなされてない概念と思うんですね。（中略）「昔の人たち」と魂が行き来しているような、そういう世界の人間のありようは、人権という言葉では、くくれないのですね。

『形見の声』（筑摩書房、1996年）

熊本県の水俣で育った石牟礼道子は、文字を日常不可欠のものとして使わない村落共同体があることを知った。無文字の世界というのは無知とは違う。それどころか知識人とは違う深みをもち、先祖や故人たちの魂にこたえながら生きている世界なのだ。1946（昭和21）年10月29日に開かれた枢密院本会議で「修正帝国憲法改正案」が全会一致で可決され、基本的人権が規定された憲法が公布されたが、西洋近代に端を発する人権という概念では、前近代的な出生の奥の世界が見えてこないと石牟礼は考えていた。

10月30日

芥川龍之介（あくたがわ・りゅうのすけ／1892－1927／作家）

我我日本人の二千年来君に忠に親に孝だったと思うのは、猿田彦の命もコスメ・ティックをつけていたと思うのと同じことである。

「侏儒の言葉」（『侏儒の言葉・文芸的な、余りに文芸的な』岩波文庫、2003年所収）

大正末期の男たちは、頭にコスメ・ティック、すなわちポマードをつけていたのだろう。1890（明治23）年10月30日に発布された教育勅語には、「我カ臣民克ク忠ニ克ク孝ニ億兆心ヲ一ニシテ世々厥ノ美ヲ済セルハ此レ我カ国体ノ精華ニシテ」とある。皇祖皇宗が徳を樹立して以来、忠と孝は日本人にとっての二大道徳とされてきた。だが芥川龍之介に言わせれば、それは記紀神話に登場するサルタヒコ以来、日本人の男性がずっとポマードをつけてきたと思い込むのと同じくらい荒唐無稽な話にほかならない。

10月31日

津田梅子（つだ・うめこ／元治元（1864）-1929）／教育者

日本の愛国心は、未だ之にふさはしき宗教心と相ひ抱合せざるなり。若し茲に適当なる新宗教のあるありて、能く此の愛国心に結び、一層之を高くし、一層之を深くし、真とに宗教的の素養ある愛国心とならば、日本の精神界は更らに一段の霊変をなすべし。吾等は此に至りて基督教の伝道の速かに行はれん事を望む。

「日本人の戦勝と其宗教心」（津田塾大学編『津田梅子文書』、津田塾大学、1980年所収）

1890（明治23）年10月31日、文部大臣は教育勅語を全国の学校に公布するよう命じた。日清戦争は、そこに盛り込まれた「陛下の御為に、吾国の為にとて尽す赤誠」を発揮する最初の機会となった。確かにその「赤誠」は宗教心に等しいように見える。しかし津田梅子は、愛国心を宗教にまで高めるにはキリスト教の伝達が不可欠だとする。日清戦争によって日本人に宗教心があることは証明されたのだから、さらにそれをしっかりとしたものにする必要があるというのが津田の主張だった。

11月

11月1日

バーク（1729-1797／イギリスの保守思想家）

身分のある人びとが、尊厳のあらゆる観念を、はっきりした対象のない野望の犠牲にして、下劣な手段で、下劣な目的のためにはたらくとき、全体のくみたてが低劣でいやしくなる。なにかこれに似たことが、フランスでいまおこってはいないだろうか。それは、下等で不名誉なものをもたらさないだろうか。

「フランス革命についての省察」（『フランス革命についての省察 ほか』1、水田洋、水田珠枝訳、中公クラシックス、2002年所収）

バークは1790年11月1日に『フランス革命の省察』を出した。ドーバー海峡のすぐ向こう側では、前年の6月17日に第三身分の議員からなる革命議会が組織され、7月9日には憲法制定国民議会となった。バークはその議員の構成に愕然とした。彼らが既存の尊厳を無視し、理性だけで突っ走れば、この先何が起きるかわからない。「下等で不名誉なものをもたらさないだろうか」というバークの危惧は、1792年に王権が停止し、翌年にルイ16世が処刑されることで現実のものとなった。

11月2日

山崎正和（やまざき・まさかず／１９３４‐２０２０／劇作家、評論家）

都市の影響力は国家の内部で及ばない場所もあったし、逆に遠く国外の人心をとらえることもあった。長安の文化は必ずしも唐の版図の全体には均霑（きんてん）しなかったが、遥かに海を越えて日本の平安京に移植された。国家権力の支配は連続した面として拡大するが、都市の権威はいわば放射する線のように、しかもときに飛び飛びに吸引力を広めるのである。

『社交する人間』（中央公論新社、２００３年）

延暦12（７９３）年11月2日、桓武天皇が造営中の平安京を視察した。中国皇帝を強く意識していた桓武は、唐の長安をモデルとして平安京を建設し、何度も視察した。山崎正和は、国家は「権力」をもつのに対して都市は「権威」をもつと言う。国家は国民に強制力を行使するのに対して、都市は祝祭的な一体性によって統合を図る。桓武は中国皇帝になり代わることはできなかったが、長安という都市の「権威」を日本に移すことはできた。

11月3日

中野重治（なかの・しげはる／1902-1979／作家）

散って行く十万人、その姿、足並み、連れとする会話、僕の耳のかぎり誰ひとり憲法のケンの字も口にしてはいなかった。あらゆることがあってそれがなかった。たぶん天皇たちも、あれから帰って憲法のケンの字でも話題にしたかよほど疑わしいと思う。たしかに泣いてた女学生はいたが皇后で泣いたのだ。憲法ででではなかった。

「五勺の酒」（『五勺の酒・萩のもんかきや』、講談社文芸文庫、1992年所収）

1946（昭和21）年11月3日、日本国憲法が公布され、宮城（現・皇居）前広場で東京都主催の憲法公布記念祝賀都民大会が開かれた。広場には10万人が集まった。昭和天皇と香淳皇后がそろって一般の人々の前に現れたのは、戦後初めてだった。人々は新憲法の内容を理解し、民主的な憲法が公布されたことを喜んでいたのではなかった。天皇と皇后を見たいがために集まったにすぎなかった。天皇と皇后も、帰ってから憲法について話し合わなかったら同じ穴のむじなではないかと、中野重治は問うている。

11月4日

会田雄次（あいだ・ゆうじ／1916-1997／歴史学者）

その日、私は部屋に入り掃除をしようとしておどろいた。一人の女が全裸で鏡の前に立って髪をすいていたからである。ドアの音にうしろをふりむいたが、日本兵であることを知るとそのまま何事もなかったようにまた髪をくしけずりはじめた。（中略）裸の女は髪をすき終ると下着をつけ、そのまま寝台に横になってタバコを吸いはじめた。

『アーロン収容所』（中公文庫、1973年）

1945（昭和20）年11月初旬からビルマ（現・ミャンマー）のラングーン（現・ヤンゴン）で英軍の捕虜としての生活を始めた会田雄次が、女兵舎の掃除をしようと部屋に入ったときの体験を語った一節。彼女らにとって、有色人種や植民地の人間は自分たちと同じ「人間」ではない。だから人間に対する感覚をもつ必要はないのだ。黄色人種でありながら例外的に近代化を達成し、アジアの盟主になったと思い込んでいた日本人が、英国から見れば等しく東洋人として差別の対象になることを知った会田の衝撃は大きかった。

11月5日

桓武天皇（かんむてんのう／天平9（737）‐延暦25（806）／奈良・平安時代の天皇）

…維れ延暦六年歳丁卯に次る十一月庚戌の朔甲寅、嗣天子臣、謹みて従二位行大納言兼民部卿造東大寺司長官藤原朝臣継縄を遣して、敢へて昭に昊天上帝に告さしむ。臣、恭しく睠命を膺けて鴻基を嗣ぎ守る。幸に、穹蒼祚を降し、覆燾徴を騰ぐるに頼りて、四海晏然として万姓康楽す。

『新日本古典文学大系16　続日本紀五』（岩波書店、1998年）

原文は漢文。「嗣天子臣」は天命を継承する子、つまり桓武自身。「昊天上帝」は天帝。「穹蒼」は天。「覆燾」は万物を育てること。延暦6（787）年11月5日の冬至の日、桓武天皇は長岡京の南郊に当たる交野郡柏原に天壇を設け、藤原継縄を遣わして天をまつる「郊祀」を行わせた。皇位というのは天から授かるものであり、郊祀を行うことで初めてそれを継承できるというのは、儒教思想を忠実に踏襲するものだ。それは桓武が中国皇帝を意識した数少ない天皇だったことを示している。

11月6日

茨木のり子（いばらぎ・のりこ／1926-2006／詩人）

私の住む所沢町にも、戦後の遊女であるところの、ぱんぱんがひしめいていて、女湯では、いやでも彼女らと肌ふれあい、「ゆんべ、仙子のやつ（GIに）殴られて顔がどぶくれたってよウ」「ヘン、みものだったべな」などという関東訛の会話をしょっちゅう聞かされていたし、すさまじい刺青にも、ぎょっとさせられた。

「『櫂』小史」（『茨木のり子集 言の葉』1、ちくま文庫、2010年所収）

「GI」は米軍兵士。埼玉県の陸軍所沢飛行場は、敗戦後に米軍に接収されて所沢基地となり、街娼（「ぱんぱん」）が町にあふれた。占領期に所沢に住んだ茨木のり子は、銭湯に行くたびに彼女らと一緒になり、占領の実態を肌身にしみて感じた。しかし所沢から離れてみると、日本に米軍基地がたくさんあることを、毎日の意識としては感じなくなる。茨木はここから沖縄の人々の本土に対する感情を想像する。米軍が所沢基地の6割返還を所沢市に正式通告したのは、独立回復から18年後の1970（昭和45）年11月6日だった。

11月7日

多田道太郎（ただ・みちたろう／1924-2007／フランス文学者）

…明治以降の共同生活（学校、軍隊等）の耐えがたさは共同糞尿つぼの臭さとして襲ってきた。前・近代の厠（川屋）、はばかりなどは、家族共同体の臭さであって味噌汁の匂いと表裏になる懐しさをもっていた。だのに無縁の人の糞尿のにおいは耐えがたいのだ。水洗トイレが官庁、会社、デパート、学校など人びとの群がるところから現れてきた理由がそこにある（後略）

「時代の気分変化」（『多田道太郎著作集2　複製のある社会』、筑摩書房、1994年所収）

戦後、都市への人口流入に伴い大量に建てられた木造賃貸アパートでも、便所はまだ共同だった。だが1958（昭和33）年11月7日の大阪・香里（こうり）団地の入居開始と同時にテラスハウスに入居した多田道太郎は、「白陶器の神々しい水洗トイレ」を見て、新しい生活スタイルを実感した。もうこれで「無縁の人の糞尿のにおい」を嗅がなくて済むと思ったのだ。それは日本の住宅に、隣と切れた完全なプライバシー空間が確立されたことを意味していた。

11月8日

水野広徳（みずの・ひろのり／1875-1945／海軍大佐、在野の平和活動家）

日米戦争の過程については私はかく考へる。日本は必ずフイリツピン、ガムを占領するであらう。（中略）米国艦隊はハワイに進出するであらう。（中略）この時もし勝を急いで米国艦隊がフイリツピンの奪還を謀つたり、日本艦隊がハワイ攻略を企てたりしたなら、手を出した方が失敗するであらう。

「書評『米国怖るゝに足らず』」（『東京朝日新聞』1929年11月8日）

水野広徳は、軍事評論家の池崎忠孝が1929（昭和4）年9月に刊行した『米国怖るゝに足らず』を新聞紙上で批判した。日本はフィリピンとグアムを占領すれば米国に勝てるとして戦争を煽動した同書に対して、日本の海軍力を過大評価し、米国の経済力を軽視する「偏見」を指摘するとともに、逆に日本の敗北に終わる可能性があるとした。「日本艦隊がハワイ攻略を企てたりしたなら、手を出した方が失敗するであらう」。この言葉は12年後の真珠湾攻撃で始まる日米戦争でまさに的中することになる。

11月9日

富永仲基（とみなが・なかもと／正徳5（1715）－延享3（1746）／大坂（現・大阪）の哲学者、町人学者）

今の文字をかき、今の言をつかひ、今の食物をくらひ、今の衣服を着、今の調度を用ひ、今の家にすみ、今のならはしに従ひ、今の掟を守、今の人に交り、もろ〳〵のあしきことをなさず、もろ〳〵のよき事を行ふを、誠の道ともいひ、又今の世の日本に行はるべき道ともいふなり。

「翁の文」（『日本古典文学大系97　近世思想家文集』、岩波書店、1966年所収）

元文3（1738）年11月、富永仲基は「翁の文」の自序を記した。同書で彼は儒学や神道、仏教全体を批判し、不断に連続する「今」を肯定した。ここには過去や未来を理想とする思考もなければ、目の前の現実を超えた世界（彼岸や天など）も想定されていない。普遍的な規範は相対化され、刻一刻となりゆく時間が絶対化される。キリスト教が広がった西洋とも、儒教がイデオロギー化した中国や朝鮮とも異なる徳川日本の思想の極北がここにある。

11月10日

光田健輔（みつだ・けんすけ／1876-1964／病理学者、長島愛生園初代園長）

なんとかして逃走者のない療養所にしなくてはならない。逃走者を防ぐ道は第一に居心地のよい療養所にすること。第二には逃走できない場所へ隔離すること。こうしたことを念頭において、私の意見書はでき上った。

『愛生園日記』（毎日新聞社、1958年）

光田健輔は、ハンセン病の療養施設だった全生病院（現・国立療養所多磨全生園）で患者の逃走があとを絶たなかったことから、全国の患者を一つの島に集めて隔離することを考えた。1930（昭和5）年、瀬戸内海に浮かぶ岡山県の長島に開設された初の国立のハンセン病療養所である長島愛生園こそは、光田の構想を結晶させたものだった。1932（昭和7）年11月10日、皇太后節子（さだこ）（貞明皇后）は自分自身に代わり、患者の友となって慰めてほしいという和歌を詠んだ。皇太后からのお墨付きを得たことで、光田が進めた隔離政策は揺るぎないものとなった。

11月11日

由比忠之進（ゆい・ちゅうのしん／1894－1967／エスペランティスト）

…わたしはあなたに注意したいと存じます。中立国家を作ることに満足してそれ以上を要求しないこと、南からあらゆる軍事力と軍事基地を撤去することです。これを拒否する限り、アジアの、したがって世界の平和は実現することはありません。北爆を本当に無条件に即時中止せよ、強国の誠意を示せ、というのが、わたしの心からなる叫びであり、要求です。

「由比忠之進氏のジョンソン大統領への抗議文」（『世界』1968年1月号所収）

原文はエスペラント語。宮本正男訳。1967（昭和42）年11月11日、由比忠之進は米国の北ベトナム爆撃（北爆）を支持する佐藤栄作首相の訪米に抗議して首相官邸前でガソリンをかぶり、焼身自殺を図った。その直前、由比はジョンソン大統領にあてて抗議文をしたためた。すべては単独の行動だった。いかなる党派や集団にも属さず、自らの生命とひきかえにベトナム戦争反対を訴えたその行動は、戦後の反戦平和運動のなかでもきわめて特異なものであった。

11月12日

入江相政（いりえ・すけまさ／1905－1985／昭和天皇の侍従、侍従次長、侍従長を歴任）

四時前に御文庫に還御。ラヂオのスイッチを入れると丁度極東軍事裁判の判決を言つてゐる。広田、土肥原、松井、武藤、東条の五氏に絞首刑、東郷氏二十年、重光氏七年、他は終身禁固刑といふこと。木戸さんが絞首刑にならなくて本当に結構だつた。今夜ははしなくも祝宴のやうなことになつた。

『入江相政日記』第4巻（朝日文庫、1994年）

極東国際軍事裁判（東京裁判）の判決が下った1948（昭和23）年11月12日の入江相政の日記の一節。天皇が宮内府庁舎から住まいの御文庫に帰ったあと、ラジオで判決を聞いている。そして絞首刑の判決を受けた「五氏」（正しくは「七氏」）が元外相の広田弘毅を除いて全員元軍人だったことに喜び、祝宴を開いている。戦争責任は軍人だけが負えばよく、天皇や文官はその必要がないという考え方が証明されたと感じたからだろう。木戸幸一が絞首刑を免れたことに安堵しているのは、天皇の最側近（内大臣）だったからだ。

11月13日

岸信介（きし・のぶすけ／1896－1987／政治家、第56、57代首相）

満洲事変にしても支那事変にしても大東亜戦争にしても之等の事実が起るに至つた国際関係や背景等は総て之れを日本の侵略的意図といふ偏見を以て片附けて了つてゐる。後世史家を欺かむとしても各種の客観的事実の検討によつて必ず正しい歴史が闡明（せんめい）せられる日があることを疑はない。

『岸信介の回想』（文春学藝ライブラリー、2014年）

東京裁判が結審し、A級戦犯に判決が下された翌日の1948（昭和23）年11月13日、巣鴨プリズンに収監されていた岸信介は、東條英機ら7名に死刑の判決が下ったことを知り、怒りに震えた。岸に言わせれば、「大東亜戦争」が侵略戦争ではなかったことは「客観的事実」であり、いつか必ず「正しい歴史」が明らかにされるときが来る。この信念が孫に当たる安倍晋三に受け継がれたことは改めて言うまでもない。

11月14日

武者小路実篤（むしゃのこうじ・さねあつ／1885-1976／作家）

村の生活をしない間は自己の内の人類の意志に背くので心がとがめられ、安心が出来ないのに、村の生活をすると心に疚(やま)しい処がなくなる。之が村の生活の正しいことを一番証明してくれます。私は村の生活をしてから、今までの生活で味はつたやうな、良心の前にたえざる云ひわけをしないではゐられなかつた引け目を感ぜずにすむやうになりました。

『新しき村の創造』（冨山房、1977年）

1918（大正7）年11月14日、武者小路実篤は宮崎県児湯(こゆ)郡木城(きじょう)村（現・木城町）に理想郷を目指して「新しき村」を開いた。その背景には、自らの文学に対する「引け目」があった。自らの文学が人類の役に立っているなら、労働しなくても問題はない。だが実篤はそう言い切る自信はなかった。新しき村で人々とともに働くことで、ようやく「人類の意志」に合致した生活、すなわち皆仲良く助け合う幸福な生活ができるようになったと感じたのだ。

11月15日

住井すゑ（すみい・すえ／1902-1997／作家）

私は、〝神さまと言われたはる天皇さんかて糞をしやはる。それは天皇さんかてもの、を食べはるからや。せやさかい、私（わい）と同じや。他の人もみな同じや。みな同じに人間や。〟と、心の中でしつこく繰り返した。すると、それまでの劣等感は雲散霧消。以来〝怖い〟と思うものが何一つなくなった。

「新潮文庫版あとがき」（『橋のない川』1、新潮文庫、2002年所収。傍点原文）

1908（明治41）年11月10日から15日まで、奈良県で陸軍特別大演習が行われ、明治天皇が統監した。そのあと、天皇の行在所で拾われた煙草の吸殻や便所に残っていた排泄物が「宝物」として珍重されるという出来事があった。住井すゑは「阿呆かいな」と思いつつ、天皇も自分たちと同じ人間だという真実に行き当たった。22（大正11）年、部落解放を目指す全国水平社が創立されたが、「人の世に熱あれ、人間に光あれ」と記された「水平社宣言」に住井が魅せられた原点はここにあった。

11月16日

松井虎太郎

（まつい・とらたろう／生没年不詳／大阪機関区所属の機関士）

一つ間違いがあったら、腹を切ってお詫びをする覚悟でしたが、無我夢中のうちにも、京都駅のフォームの所定の位置へ、陛下がお降り立ちになる絨緞と昇降口のステップとが一センチの狂いもなくぴたりと合うように、そして一切衝動なしに静かに停車させることに成功いたしました。

阿川弘之『空旅・船旅・汽車の旅』（中公文庫、2014年所収）

松井虎太郎は、昭和初期に御召列車を運転した。当日は家にしめ縄を張り、家族全員が斎戒沐浴した。秒単位のダイヤ通りに御召列車を走らせ、寸分の狂いもなく停車させなければならない緊張は、運転中ずっと続いた。それは天皇の命を自分が預かっているという、想像を絶するほどの重圧から来るものだった。実際に1934（昭和9）年11月16日には、群馬県桐生市で昭和天皇の自動車を先導していた警部が緊張のあまり途中で道を誤り、自決を図る事件が起こっている。

11月17日

島崎藤村（しまざき・とうそん／1872-1943／作家）

その時、彼は実に強い衝動に駆られた。手にした粗末な扇子でも、それを献じたいと思うほどの止むに止まれない熱い情（こころ）が一時に胸にさし迫った。彼は近づいて来る第一の御馬車を御先乗（おさきのり）と心得、前後を顧みるいとまもなく群集の中から進み出て、その御馬車の中に扇子を投進した。

『夜明け前』第2部下（新潮文庫、2012年）

島崎藤村の小説の一節。父の正樹をモデルとする主人公の青山半蔵は、明治維新が国学者の期待を裏切り、西洋化の出発点だったことに失望し、1874（明治7）年11月17日、東京の神田橋で明治天皇が乗った馬車の列に向かって憂国の和歌を記した扇子を投げつけた。半蔵は警視庁に拘留され、精神状態を鑑定された。噂はたちまち広がり、半蔵は「気狂い」と見なされた。直訴をタブーと見なす江戸時代の感覚は、明治になっても根強く残っていた。

11月18日

森有正（もり・ありまさ／1911-1976／哲学者）

私は、敗戦直前の昭和十九年に、今は死んだある政府の高官が、部下にかしずかれながら、「日本には必ず天佑神助があります」と私に語ったのをきいたことがある。かれは本気でそう信じていたのである。そう信じたいから信じていたのである。これは難局に直面した時に人がもつ一種の気分であり、確信でもなければ、根拠のある立論でもない。しかし、それが政府の大部分の官吏の態度だったのである。

『遙かなノートル・ダム』（講談社文芸文庫、2012年。傍点原文）

森有正が1966（昭和41）年11月18日に擱筆した随筆「遙かなノートル・ダム」の一節。客観的な状況よりも「天佑神助」のほうを信じる1944年の政府の態度は、コロナ禍のなかで東京オリンピックの開催に固執した2021年の政府の態度に通じる。だが他方で重大な違いもある。44年には一般国民もまた、「何かうまい事が起って局面が一変して大した事もなしに済むのではあるまいか」と考えたのに対して、21年にはそうした政府の態度を非難する国民の声がしだいに大きくなっていったからだ。

11月19日

北原泰作（きたはら・たいさく／1906-1981／被差別部落出身の二等卒）

軍隊内に於ける我等特殊部落民に対する賤視差別は封建制度下に於ける如く峻烈にして差別争議頻発し其の解決に当る当局の態度は被差別者に対して些少の誠意もなく寧ろ弾圧的である

『賤民の後裔』（筑摩書房、1974年）

1927（昭和2）年11月19日、名古屋市の北練兵場で陸軍特別大演習終了後の観兵式が行われ、昭和天皇が臨場した。このとき、北原泰作は軍隊内の差別撤廃を訴えるべくしたためた訴状を手にしつつ、天皇に向かって「直訴！　直訴！」と叫びながら近づいた。大正から昭和へと元号が変わり、名実ともに新たな天皇が登場したことが、直訴を誘発した。この事件は4日後の新聞で報道され、大きな反響を呼び起こした。

11月20日

柳美里（ゆう・みり／１９６８-／在日韓国人の劇作家、小説家）

あの日は、ホームレスの間で「山狩り」と呼ばれる「特別清掃」が行われる日だった。天皇家の方々が博物館や美術館を観覧する前にコヤを畳み、公園の外に出なければならなかった。

『ＪＲ上野駅公園口』（河出文庫、２０１７年）

２００６（平成18）年11月20日、上野の日本学士院会館で国際生物学賞授賞式があり、天皇明仁（現上皇）と皇后美智子（現上皇后）が臨席した。それに先立ち、上野公園ではホームレスが排除された。上野恩賜（おんし）公園という正式名称が示すように、上野公園はいまでも皇室から特別に与えられた公園を名乗っている。柳美里は実際に公園を取材し、一見誰に対してもにこやかに手を振る天皇と皇后が、実は「恩賜」にふさわしくない人々を強制的に排除する権力をもっていることを、「特別清掃」の文言を引用しながら暴いている。

11月21日

篠原一（しのはら・はじめ／1925-2015／政治学者）

古来、社会改革、政治改革は絶対的窮乏よりも、「期待感」と現実とのズレからおこることが多かった。寡欲なものは政治的には保守的、現状維持的になりやすい。そして政治はプロとしての政治家にまかされ、ささやかな社会の進歩に眩惑されて、批判力をなくしてしまう。自分で行動することを回避するだけでなく、政治家に対してもまた「する」の論理を要求することができないのである。

『日本の政治風土』（岩波新書、1968年）

1960（昭和35）年11月下旬に行われた「国民の旅行に関する世論調査」で、年に2、3回旅行できればよいと考えている人が全体の約半分を占めた。篠原一はこの調査を踏まえ、日本人には豊かな生活を政治に期待せず、貧しい現状に満足する「寡欲」さがあることを指摘した。政治が現状を改革できるとは考えず、自分たちが政治の担い手になれるとも考えないのだ。その結果として自民党による保守政治が、あたかも人為を超えた自然のように続くことを、篠原は危惧していたのだろう。

11月22日

友清歓真（ともきよ・よしざね／1888－1952／神道天行居創始者）

…我国としては為政者なり軍事当局なりがそれ〴〵空に陸に適当の施設を為さねばならぬことは勿論でありまして更らに重大なる仕事として全国の天行居（てんこうきょ）同志の上に命ぜられて居る処の仕事がある。それは一言にして申しますと霊的国防の完成でありまして、日本に於ける霊的国防の参謀本部ともいふべきものは此の石城山（いわきさん）に確定したのであります。

「霊の世界観」（『友清歓真全集』第5巻、八幡書店、1988年所収）

出口王仁三郎と対立して大本教団を去り、1927（昭和2）年11月22日に神道天行居を創始した友清歓真は、翌年に山口県の石城山の麓に本部神殿を、翌々年には山頂に日本（やまと）神社を建立した。このときすでに、友清は来るべき大戦争を予言するとともに、国防は軍事力の増強だけでなく「霊的国防」が必要だとして、その本部こそ石城山だとした。霊的国防を完成させた日本が戦争に勝利した暁には、天皇を中心とした「世界維新」が実現されることを夢想していたようだ。

11月23日

福田英子（ふくだ・ひでこ／慶応元（1865）－1927／社会運動家）

さて記すべき事とは何にぞ、そは妾の身体の普通ならずして、牢獄にありし二十二歳の当時まで、女にはあるべき月のものを知らざりし事なり。普通の女子は、大抵十五歳前後より、その物のあるものぞと聞くに、妾は常に母上の心配し給える如く、生れ付き男子の如く、殺風景にて、婦人のしおらしき風情とては露ほどもなく、男子と漢籍の講筵に列してなお少しも羞しと思いし事なし。

『妾の半生涯』（岩波文庫、1983年）

福田（当時は景山）英子は1885（明治18）年11月23日、大阪事件に関与し、爆発物運搬に協力したとして逮捕された。満20歳、数え21歳のこのときまで、英子には生理がなく、獄中で初潮を迎えたという。それまでは男性と全く互角に漢籍の勉強を続けてきたのは、身体的にも男性と変わらなかったからだと回想している。自由民権運動に身を投じることができたのもそのせいだと考えていたなら、日本の伝統的なジェンダー観に英子自身も拘束されていたことになる。

11月24日

國分功一郎（こくぶん・こういちろう／１９７４－／哲学者）

武器で脅されて便所掃除させられる者は、進んで便所掃除を**する**と同時に、便所掃除をイヤイヤ**させられている**（中略）。権力行使においては、たしかに相手にある程度の自由が与えられているが、その自由は、いわゆる受動性としては理解できないのはもちろんのこと（たしかに行為しているから）、いわゆる能動性としても理解できない（行為させられているわけだから）。

『中動態の世界』（医学書院、２０１７年。傍点原文）

権力と暴力は異なる。暴力を振るう側は「する」立場にいて能動的であり、暴力を振るわれる側は「される」立場にいて受動的だ。だが権力を振るう側と振るわれる側の関係を「する」と「される」の対立で説明することはできない。國分功一郎はこれを便所掃除の比喩で論じている。能動的でも受動的でもない状態こそ、國分の言う中動態である。権力の関係は、能動性と受動性の対立ではなく、能動性と中動性の対立によって定義するのが正しいのだ。

11月25日

李熙亀（イ・ヒキ／筆名は李慶煥（イキョンファン）／生没年不詳／朝鮮・慶尚北道出身、傘の修繕職の見習い）

一、（中略）民等二千万民族モ　陛下之臣民タル以上国家ノ為ニ働キタキ故ニ左記ノ事項ヲ頓首頓首願望事項

一、朝鮮総督府廃止ノ事

一、内地同様衆議院議員選挙ノ事

一、内地人同様徴兵ノ事

一、在外朝鮮人ヲ内地人同様保護ノ事

一、其ノ他政治的差別ヲ廃止ノ事

「直訴状」（原武史『直訴と王権』、朝日新聞社、１９９６年所収）

昭和天皇は即位礼と大嘗祭を行うため、１９２８（昭和３）年11月に京都を訪れた。11月25日に伏見桃山陵の参拝を終えた天皇が御所に戻る途上、李熙亀は直訴状をもって天皇の乗る車に近づいた。異変に気づいた私服巡査が飛びかかり、体ごと押さえつけたため直訴は未然に終わった。この直訴については『昭和天皇実録』にも記されていない。

11月26日

宮脇俊三（みやわき・しゅんぞう／1926－2003／作家、編集者）

それにしても、新京から大連方面へ向う各列車の番号が「上り」を示す偶数であるとは逆ではないか。日本が経営する鉄道で、本社が大連にあるとはいえ、表向きは他国を走る鉄道である。首都の新京を中心として「上り」「下り」を設定するのが礼儀であろう。こんなところにも植民地国家の性格があらわれているように思われる。

『増補版　時刻表昭和史』（角川文庫、2001年）

1906（明治39）年11月26日、半官半民の南満洲鉄道株式会社が設立された。大連と長春を結ぶ本線（後の連京線）は、東京側にある大連方面が「上り」とされた。この習慣は、昭和初期に「満洲国」が建てられ、長春が新京と改称されて首都になり、大連と新京を結ぶ特急「あじあ」が走り始めても変わらなかった。東京を中心とする鉄道の原則は、台湾や朝鮮と同様、「満洲国」にも適用されたことになる。そこから宮脇俊三は、この国家が日本の植民地に過ぎなかったとしている。

11月27日

松下圭一（まつした・けいいち／1929‐2015／政治学者）

大衆自身、今日では皇太子のパレードを「オガミ」に行こうとはおもわない。大衆は現在「ミ」に行こうというのである。そうして、この皇太子の馬車になげつけられるのは、難波大助の鉄砲玉ではなく、歓呼の声である。宮内庁は、警備警官の増員よりも、馬が花束や紙テープ、紙吹雪に驚かないように訓練するがよかろう。

「大衆天皇制論」（『中央公論』1959年4月号所収）

1958（昭和33）年11月27日、皇太子明仁と正田美智子の婚約が発表されると、ミッチー・ブームが起こった。松下圭一はいち早くこのブームを分析し、戦前の天皇制との顕著な違いを見いだした。戦前に天皇が外出すると人々が動員され、強制的に最敬礼させられた。だがいまでは、人々は皇太子妃となる美しい女性を一目見ようと自発的に集まり、沿道で歓呼の声を上げる。このほうが皇太子裕仁（昭和天皇）を狙撃した難波大助のようなテロリストを生み出すこともなく、天皇制は安定するのである。

11月28日

孫文（そん・ぶん／1866-1925／中華民国の政治家、中国国民党総理）

あなたがた日本民族は、欧米の覇道の文化を取り入れていると同時に、アジアの王道文化の本質ももっています、日本がこれからのち、世界の文化の前途に対して、いったい西洋の覇道の番犬となるのか、東洋の王道の干城（かんじょう）（中略）となるのか、あなたがた日本国民がよく考え、慎重に選ぶことにかかっているのです。

「大アジア主義」（伊藤秀一ほか訳、『孫文選集』第3巻、社会思想社、1989年所収）

1924（大正13）年11月28日、孫文は神戸で「大アジア主義」と題する講演を行った。アジアは仁義、道徳の文化であり王道を本質とするのに対して、欧米は武力で人間を圧迫する文化であり覇道を本質とする。日中両国は王道を通して連携しなければならないが、現実の日本は王道をもちながら覇道も取り入れているとした。これから先、日本は王道と覇道のどちらを選ぶのかという最後の一言は、事実上孫文の遺言となった。

11月29日

ミシェル・フーコー（1926-1984／フランスの哲学者）

これは重要な装置だ、なぜならそれは権力を自動的なものにし、権力を没個人化するからである。その権力の本源は、或る人格のなかには存せず、身体・表面・光・視線などの慎重な配置のなかに、そして個々人が掌握される関係をその内的機構が生み出すそうした仕掛のなかに存している。一段と大きな権力が統治者において明示される場合の、儀式や祭式や標識は無用となる。

『〈新装版〉監獄の誕生』（田村俶訳、新潮社、2020年）

「重要な装置」とは18世紀末にイギリスの哲学者ベンサムが考えだした監獄である〈一望監視装置〉のこと。独房に入れられている囚人からは監視人は見えないが、監視人からは彼らが見えるこの装置を、フーコーは近代の権力を象徴するものとしてとらえた。前近代の権力は統治者がはっきりしていて、それを誇示する大掛かりな儀式を伴った。しかし近代になると、権力の主体は匿名化される。明治5（1872）年11月29日、「監獄則並図式」が制定され、日本でも近代的な監獄が建設されることになる。

11月30日

ヒュースケン（1832-1861／駐日アメリカ総領事館の通弁官）

この多数の男、女、少年少女の顔の中に、一つとして反感や怒り、あるいは冷淡さをあらわしているものはなかった。いずれも江戸の門扉が外国人に対して開かれたことを喜んでいるように見えた。

『ヒュースケン日本日記』（青木枝朗訳、岩波文庫、1989年）

日米修好通商条約を調印すべく派遣されたアメリカ側全権使節ハリスの通訳兼書記、ヒュースケンは、1857年11月30日（安政4年10月14日）、品川から江戸にかけての街道筋の両側に見物人が押し寄せているのを見た。開国を迫られているのに、彼らは一様に礼儀正しく、秩序を乱さなかった。自国ならばこうはいくまい。こうした驚きは、江戸時代に日本を訪れた朝鮮通信使の使節が沿道で感じた驚きに通じるものがある。しかし3年あまり後、ヒュースケンは攘夷派の志士に斬殺された。

12月

12月1日

石原吉郎（いしはら・よしろう／1915－1977／詩人）

…これらの闇取引による犠牲者たちは、誰にも知られないままに、最も苛酷な、非人間的な環境に置かれることによって、実質的には最もきびしい戦争責任を担わされたと考えなければなりません。この点が巣鴨の戦犯たちと、シベリヤの戦犯とが絶対にちがうところであり、（中略）実刑においては巣鴨の戦犯とは比較にならない程重い戦争責任がシベリヤの戦犯の上にのしかかったわけです。

『日常への強制』（構造社、1970年）

敗戦後にシベリヤに抑留された石原吉郎は、1949（昭和24）年4月、軍法会議で25年間の重労働を言い渡された。これは東京裁判のような「正式の裁判」ではない「闇取引」の裁判だった。スターリンの死去に伴う「特赦」により帰国できたのは、53年12月1日になってからだった。言語を絶する体験をした石原に言わせれば、巣鴨プリズンに収監されたA級戦犯など、戦争責任を担わされたとは到底言えなかった。だが帰国しても、責任を果たしたと認めてくれた日本人は誰一人としていなかったという事実は重い。

12月2日

上野千鶴子（うえの・ちづこ／1948-／社会学者）

「公」文書とは、「官」の側が事態をどのように「管理」したかを示す資料である。その有無を問うて、公文書がないかぎり「事実」の証明はできない、とするのは、「治者」の立場との同一化でなくて何であろうか。

『ナショナリズムとジェンダー 新版』（岩波現代文庫、2012年）

1996（平成8）年12月2日、中学校の歴史教科書に「従軍慰安婦の強制連行」が記されたことに対抗して、「新しい歴史教科書をつくる会」が創立記者会見を行った。ここでは「強制連行」を裏付ける公文書がないから、事実かどうかは証明できないという「実証性」の論理が語られた。しかし上野千鶴子は、戦争遂行に関わる文書が敗戦前後に廃棄されたことを踏まえつつ、その論理が被害者の証言を公文書よりも劣ったものと見なすことの政治性を正面から問いただした。

12月3日

末包房子

（すえかね・ふさこ／1930－／小金井市消費生活コンサルタント）

…「女性市議会をやろう」って提案したんです。市の「男女平等都市宣言」を絵に描いた餅にしないための意識啓発です。小金井市の議員の数と同じ二六人の女性を公募して、ジェンダーの視点から小金井の施策について、意見を言うなり要望を出すなりして欲しいとみんなで打ち合わせをして、小金井市議会の議場でやったわけです。

「年金と自立」（小金井女性史を作る会編『聞き書き集　小金井の女性たち』こがねい女性ネットワーク、2006年所収）

1996（平成8）年12月3日、東京都小金井市は男女平等都市宣言を行った。小金井市男女共同参画研究会議員だった末包房子は、99年にこの宣言にもとづき、市議会の議場を乗っ取る形で女性だけの議会を開いた。2003年には、男女平等基本条例が制定された。「男女共同参画」ではなく「男女平等」をうたう小金井市の姿勢を、末包は国よりも進んでいると評価する。それでも21年現在の小金井市議会の女性議員数は24人中9人で、全体の3分の1強にすぎない。

12月4日

中村哲（なかむら・てつ／1946-2019／医師）

…「信頼」は一朝にして築かれるものではない。利害を超え、忍耐を重ね、裏切られても裏切り返さない誠実さこそが、人々の心に触れる。それは、武力以上に強固な安全を提供してくれ、人々を動かすことができる。私たちにとって、平和とは理念ではなく現実の力なのだ。私たちは、いとも安易に戦争と平和を語りすぎる。

『天、共に在り』（NHK出版、2013年）

2019年12月4日、アフガニスタン東部で中村哲が銃撃されて死去した。中村は1984年にパキスタンに赴任し、2000年からはアフガニスタンで水源確保のための事業を続けてきた。この実体験を通して、武力によって身が守られたことはなく、防備は必ずしも武器にならないことを確信した。2001年の9・11以来、米軍による攻撃が日常化するなかで、中村は自分が生まれたのと同じ年に公布された日本国憲法の9条の尊さを証明して見せた。

12月5日

北條民雄（ほうじょう・たみお／1914－1937／小説家、ハンセン病患者）

民衆から……を奪ったら後に何が残るか。なんにも残りはしないのだ。彼等はこの言葉の中に自己の心の在り場所を求めようとしている。それは何千年かの間に築かれた××であるにしろ、しかし彼等はこの……によって心の安定を得ているのだ。それは国家そのものに対する態度である。現在の彼等にとっては、これのみが残された唯一つの……なのだ。

「日記」（『定本 北條民雄全集』下、創元ライブラリ、1980年所収）

東京府北多摩郡東村山村（現・東村山市）の全生病院（現・多磨全生園）で療養生活を送っていた北條民雄は、1937（昭和12）年1月28日に右のような日記を書いた。1行目の……は「天皇」、3行目以下の××と……はすべて「偶像」。患者たちは社会から隔離され、差別や偏見に苦しみながら、皇室から手厚い保護を受けることで「心の安定」を得ていた。だが北條は、皇室こそが差別や偏見にお墨付きを与えている構図から目を逸らしてはいない。この年の12月5日、北條は23年の短い生涯を終えた。

12月6日

畑俊六（はた・しゅんろく／1879-1962／陸軍軍人、支那派遣軍総司令官）

午后は三時宿舎を出で青山大宮御所に参入、皇太后陛下に拝謁被仰付（おおせつけられ）、言上の后特に御椅子を賜はり長時間種々御下問に奉答、主として支那の状況、一号作戦等に関し御下問あり、中々御承知なるには恐懼（きょうく）の外なし。

『続・現代史資料4　陸軍　畑俊六日誌』（みすず書房、1983年）

畑俊六は、1944（昭和19）年12月4日に中国から帰国し、その2日後に宮城（現・皇居）内の宮殿で昭和天皇、香淳皇后に、大宮御所で皇太后節子（さだこ）（貞明皇后）に会った。拝謁の時間は、天皇や皇后よりも皇太后の方が長く、質問もより具体的だった。畑は答えながら、皇太后が中国戦線での作戦に詳しいことに内心驚いた。それは本来、天皇がするべき質問のはずだった。畑は文字どおり「恐懼」したに違いない。

12月7日

ロラン・バルト（1915-1980／フランスの哲学者、66年から68年まで日本に3回滞在）

…戦う学生たちによってリズムを与えられて叫ばれるスローガンの告げるものは、（何々のために、または何々に反対して、われわれは闘っているのか、という）行動の告発対象や理由であるのではなくて（中略）ただ単にその行動それ自体（《全学連は闘うぞ！》）なのであって、したがってその行動は、もはや言語によって蔽われたり導かれたり正当化されたり無罪証明されたりはしない。

『表徴の帝国』（宗左近訳、ちくま学芸文庫、1996年）

ロラン・バルトは、1966（昭和41）年12月に結成された三派全学連（中核派、社学同諸派、社青同解放派）のデモを見学し、フランスとの違いを見出した。日本では、デモを通して一つの政治的主張をするよりも、デモそのものが一つの表現や見世物になっている。彼の言い換えればシニフィエ（記号内容）を欠いたシニフィアン（記号表現）になっている。彼の眼には、「全学連は闘うぞ！」というスローガンだけで成立してしまう日本のデモは、皇居や歌舞伎の女形（おやま）などと同様、奇妙なものに映ったようだ。

12月8日

高群逸枝（たかむれ・いつえ／1894-1964／女性史家）

神功(じんぐう)皇后のおんことは、古文献にたゝへられ、伝説口碑もたくさん残つてゐて、皇后の御徳がいかに洪大にあらせられたかが拝されて畏(かしこ)い。

御事蹟の中で御征韓のことはもつとも大きい。それは現下の聖戦と対照しても深い意義をもつものであらう。今次の聖戦を　神武御肇国(ちようこく)の八紘為宇の聖戦となすときに、皇后の御征韓も全くこれに同じい。

「尊し神功皇后」（『日本婦人』1943年8月号所収）

高群逸枝は、1941（昭和16）年12月8日に勃発した「大東亜戦争」を、『日本書紀』に描かれた神功皇后の三韓征伐と結びつけた。三韓征伐は、内戦の末に日本を建国した神武天皇の東征と同じ意義をもつ。神功皇后が新羅、百済、高句麗を征服して東アジアに「惟神(かんながら)の秩序」をもたらしたように、「大東亜戦争」もまた勝つことを通して「東亜民族」の一体化がもたらされる。女性史家が戦争をどう正当化したかを検証するには記憶されるべき文章だろう。

12月9日

花森安治（はなもり・やすじ／1911-1978／編集者）

内閣は、三日や一週間なくても、／別にそのために国が亡びることもない。／ところが、暮しの方は、／そうはゆかない。／たとえ一日でも、／暮すのをやめるわけには、／ゆかないのである。

『灯をともす言葉』（河出書房新社、2013年）

花森安治が創刊した『暮しの手帖』の9号（1950年9月号）に掲載された「風俗の手帖――みそ汁と内閣」の一節。政治というのは、内閣だけで行われているわけではない。みそ汁に象徴される日々の暮らしを抜きにして、人々が生きてゆくことはできない。そうした日常生活の具体性から政治や社会を考えることを花森は呼びかけた。50（昭和25）年12月9日から日本橋三越で開かれた「暮しの手帖」展をはじめとする展覧会は、花森の思想を世に広く知らせる役割を担った。

12月10日

田中正造

（たなか・しょうぞう／天保12（1841）-1913）／政治家、衆議院議員

一民ヲ殺スハ国家ヲ殺スナリ
法ヲ蔑ニスルハ国家ヲ蔑スルナリ
皆自ラ国ヲ毀ツナリ
財用ヲ濫リ民ヲ殺シ法ヲ乱シテ而シテ亡ビザルノ国ナシ、之ヲ奈何
右質問ニ及候也

「亡国に至るを知らざれば之れ即ち亡国の儀につき質問書」（『田中正造全集』第8巻、岩波書店、1977年所収）

1900（明治33）年2月17日、衆議院議員の田中正造は、35名の賛成者とともに時の山県有朋内閣に対して質問書を提出した。足尾鉱毒問題に対する政府の無為無策を糾弾し、このまま憲法を守らずに民を見殺しにするなら亡国に至るとして、どうするべきかを問うている。山県の答弁は「質問ノ旨趣其要領ヲ得ズ、依テ答弁セズ」というものだった。政府の態度に絶望した田中は翌年の12月10日、明治天皇に直訴を試みた。

12月11日

永井荷風（ながい・かふう／1879-1959／作家）

日米開戦以来世の中火の消えたるやうに物静なり。浅草辺の様子いかがならむと午後に往きて見る。六区の人出平日と変りなくオペラ館芸人踊子の雑談また平日の如く、不平もなく感激もなく無事平安なり。余が如き不平家の眼より見れば浅草の人たちは尭舜（ぎょうしゅん）の民の如し。

『摘録　断腸亭日乗』下（岩波文庫、1987年）

太平洋戦争勃発直後の1941（昭和16）年12月11日の永井荷風の日記。戦争の勃発とともに緊張感が高まったと思いきや、浅草はそうではなかった。そこには荷風がよく知っている日常と少しも変わらない光景があったからだ。尭、舜はいずれも中国古代の伝説的な聖人。日本全体は非常時の空気に包まれているのに、浅草だけはまるで聖人の世のような平安が保たれている。これを素直な驚きと見るべきか、それとも荷風一流の皮肉と見るべきか。

12月12日

新妻イト（にいづま・いと／1890-1963／戦後初の衆議院議員総選挙で当選した女性議員、日本社会党所属）

…今度の新憲法によりまして、女もどうやら人間並みになつたのでございますから、この男系の男子ということをどうかしてとつていただくことができないかしら、これがありますと、新憲法によりまして、今までの世界に類例のなかつた家族制度というものをいくら破りましても、実際の上におきましてやはり男系の男子が幅をきかして、女性というものがやはり奴隷化されて来るということを恐れているのでございます（後略）

「第91回帝国議会衆議院皇室典範案委員会第5号会議録」（帝国議会会議録検索システム）

日本国憲法によって男女同権が実現したはずなのに、なぜ皇室典範には相変わらず男系の男子だけに皇位継承権があるとされたのか。これでは憲法の条文が骨抜きにされてしまうことになりはしないか。1946（昭和21）年12月12日の皇室典範案委員会の席上、新妻イトが発した質問に対して、金森徳次郎国務大臣は万世一系の天皇こそが日本の伝統だという考えをもとに答えている。戦後もなお「万世一系」は生き続けるのである。

12月13日

犬養道子（いぬかい・みちこ／1921-2017／評論家、犬養毅の孫娘）

…ある時。学習院の校門の扉より大きい（と思われた）彫りをほどこした扉を力いっぱい開けてみたら、長細いテーブルに向ってお祖父ちゃまはじめ、高橋（是清）さんや鳩山（一郎）さんや荒木（貞夫）中将（当時）などがいかめしい顔で坐って話しこんでいた。どうも空気はただならずかたかった。「おっと。入っちゃいかんぞ、あとで、な」お祖父ちゃまはそれでも微笑して私に言い聞かせるような弁解するような調子で言った。

『花々と星々と』（中公文庫、1974年）

1931（昭和6）年12月13日、犬養毅内閣が成立した。当時10歳だった道子は、毅が首相になるや総理大臣官邸裏手の秘書官邸2号に移住し、官邸を遊び場にした。引用したのは、道子が誤って閣議が開かれている扉を開けてしまったときの場面を描いた一節。道子は「満州問題・金融問題をめぐる重大閣議のひとつであったろう」と回想する。この公的空間を私的空間として開放していた毅の度量の広さは驚くべきものだ。32年5月15日、毅は官邸に隣接する日本間で暗殺された。

12月14日

山口誓子（やまぐち・せいし／1901-1994／俳人）

私は瞑目して敵国降伏の祈念をこめた。祈るべきことはすでに夙朝家を立ち出づるときから決まつてゐる。途すがらもそのことを心の中に持ちつゞけて来た。大御前に額（ぬかず）いた私はすべてを一心の裡に凝らし、たゞ祈り、ただ念じた。いまは祈ること、念ずることの足らざることを懼（おそ）るゝばかりであつた。

その祈念はその儘（まま）大御心を体し奉り、身命を捧げて君恩に応へ奉らうとする誓に通じてゐた。

「伊勢詣」（『山口誓子全集』第10巻、明治書院、1977年所収）

1942（昭和17）年12月12日、昭和天皇は戦勝祈願のため、伊勢神宮に参拝した。14日の新聞には、天皇が参拝を終えて内宮を退下する写真が大きく掲載された。天皇と同じ年齢だった山口誓子は感銘を受け、同月中に伊勢神宮を参拝した。引用文は内宮を参拝したときの心境を述べたもの。天皇と同じように心から祈れば必ず戦争に勝てると信じる一方、もしその祈りが足りなければ天皇に対して申しわけが立たないという恐懼（きょうく）の感情も入り交じっていたことがわかる。

12月15日

ナポレオン（1769-1821／フランスの軍人、皇帝）

私の君主国の政治からして、また私の一切の行動を絶えず導いて来た私の人民の利害と欲求とからして、私の死後は、神の御思召(おおぼしめし)によって私が即かせられているこの帝位が、人民に対する私の愛の後継者である子供たちに譲られることが望ましい。しかるに、数年このかた、私は最愛の妻、皇后ジョゼフィーヌとの結婚からは子供を持つ望みを失っている。

オクターヴ・オブリ編『ナポレオン言行録』（大塚幸男訳、岩波文庫、1983年）

1809年12月15日、フランス皇帝ナポレオン1世は家族会議でこう発言した。自らの王朝が続くためには、皇后から子供が生まれなければならない。しかし皇后のジョゼフィーヌからは子供が生まれなかったために離婚を決意し、新たにマリ＝ルイーズを皇后にする。新皇后からは男子が生まれ、1世が退位したあと一時的にせよナポレオン2世になった。20世紀初頭まで側室の子が天皇になることが多かった日本の天皇制とはこの点が異なる。

12月16日

斎藤美奈子（さいとう・みなこ／1956-／文芸評論家）

いまや状況は大きく変わった。私はやはり考えざるを得ない。組織的な行動がいかに古い方法でも、議会制民主主義にいかに限界があっても、それに代わる案がない以上、人々の声を政策に反映させるには、議会の構成員を変えることが必要なのだ。

『ニッポン沈没』（筑摩書房、2015年）

2012（平成24）年12月16日、第46回衆議院議員総選挙が行われ、野党の自民党が大勝し、与党の民主党は大敗した。これに伴い野田佳彦内閣は総辞職し、第2次安倍晋三内閣が誕生した。左派ないしリベラル勢力は完敗したのだ。この年には、現代を保守と革新の対立軸が失われ、超党派や無党派の動きが活発になる時代ととらえ、政党政治に左右されない市民参加型の民主主義をつくることが必要だとする本が話題になった。しかし斎藤は、総選挙の結果からそうした方法論の限界を見出している。「代議制を笑う者は、代議制に泣くのである」。

12月17日

一条兼良（いちじょう・かねよし（かねら）／応永9（1402）-文明13（1481））／室町時代の公卿、学者

大かた此日本国は和国とて女のおさめ侍(はべ)るべき国なり。（中略）されば女とてあなづり申べきにあらず。むかしは女躰のみかどのかしこくわたらせ給ふのみぞおほく侍(はべり)しか。今もまことにかしこからん人のあらんは。世をもまつりごち給ふべき事也。

「小夜のねさめ」（『群書類従』第27輯雑部、続群書類従完成会、1987年所収）

一条兼良は、応仁の乱勃発に伴い奈良に避難したが、乱が終息した文明9（1477）年の12月17日に京都に戻ると、足利義政の正室、日野富子の庇護を受けた。同11年頃に書いたとされる「小夜のねさめ」で、兼良は富子に、日本は女性が統治すべき国と説いた。その具体的な例として、アマテラス、神功(じんぐう)皇后、北条政子を挙げ、古代の女帝についても触れている。そして女性が統治するのは決して過去の例にとどまらず、いまでもすぐれた女性がいればそうあるべきだとする。この言葉は富子を喜ばせたはずだ。

12月18日

新井白石（あらい・はくせき／明暦３（１６５７）-享保10（１７２５）／朱子学者、政治家）

…十九年の間、某講筵に侍る事、凡一千弐百九十九日也。某が外、日講・侍読等の事を奉りしもの三人、おの〳〵経筵に侍る事も、またかくぞ有べき。されば、経史・諸子の書等、大かたは残所なくぞ通暁せさせ給ひたりける。倭漢・古今の間、かく迄に学好ませ給ひし御事をば、いまだ聞及びにし所にあらず。

『折たく柴の記』（岩波文庫、１９９９年）

元禄６（１６９３）年12月18日、新井白石は甲府藩主の徳川綱豊に初めて会い、26日に『大学』を進講した。綱豊は宝永元（１７０４）年に徳川綱吉の養子となって家宣と改名し、宝永６年に６代将軍となり、正徳２（１７１２）年に死去した。白石はそのときまで19年間にわたって仕え続け、通算１２９９日にわたって儒教経典の講義を続けた。日本や中国の古今において、これほどまでに学問を好んだ君主は聞いたことがない。こう断言した白石には、将軍を理想の君主である聖人に育て上げたという自負があったに違いない。

12月19日

会沢正志斎（あいざわ・せいしさい／天明2（1782）‐文久3（1863）／水戸学者

西荒の戎虜に至つては、すなはち各国、耶蘇の法を奉じて、以て諸国を呑併し、至る所に祠宇を焚燬し、人民を誣罔して、以てその国土を侵奪す。その志は、ことごとく人の君を臣とし人の民を役するにあらざれば、すなはち慊らざるなり。そのますます猖桀するに及んでは、すでに呂宋・爪哇を傾覆し、遂に神州をも朶頤す。

「新論」（『日本思想大系53　水戸学』、岩波書店、1973年所収）

原文は漢文。「西荒の戎虜」は西洋諸国、「耶蘇の法」はキリスト教、「猖桀」は勢いを増すこと。「神州」は日本、「朶頤」は征服しようとすること。卓越した政治的プロパガンダとして、日本史に残る文章だと思う。会沢正志斎はキリスト教を奉じた西洋列強が日本近海にまで迫りつつある危機を高らかに説き、日本人の精神が侵略されるよりも前に「国体」を確立させる必要を訴えた。『新論』を読んで感激した吉田松陰は、嘉永4（1851）年12月19日に水戸を訪れ、会沢に直接師事している。その影響は、敗戦に際して「国体」護持が問題となる1945（昭和20）年8月にまで及んでいる。

12月20日

宋美齢（そう・びれい／1897〔～1901〕-2003／中国国民党の指導者）

もし、日本の民衆が、中華民国において起こっていることを知ったならば、軍人たちは、彼等の戦争――残虐行為はいうまでもなく――を続行することはできないはずです。（中略）国民が聞かされていることは、中華民国が彼等の国を侮辱し、挑戦し、中華民国内にいる日本人の生命を脅かしている、ということだけであります。

「爆撃のもとにて」（『わが愛する中華民国』、長沼弘毅訳、時事通信社、1970年所収）

原文は英語。1937（昭和12）年に日中戦争が勃発し、上海で日本軍の爆撃に遭遇した蔣介石の妻、宋美齢は、米国から軍事援助を得るべく、同年12月にニューヨークの『フォーラム』誌に論文を発表した。そのなかで彼女は、宣戦布告なき戦争の不当性を訴えつつ、日本人のなかで軍人と民衆を区別し、悪いのは前者であって後者は「暴支膺懲（ようちょう）」というスローガンに惑わされているだけだとした。戦争に責任があるのは少数の軍事指導者であって人民にはないという論理は、現在の中国の習近平政権にまで受け継がれている。

12月21日

池田大作（いけだ・だいさく／1928-／創価学会青年部参謀室長を経て3代会長）

五万八千六百九十四世帯の折伏完遂。本年の最後を飾る。
これで、五十万世帯の人々が、御本尊様を受持したことになる。ただ、恐るるは、御本尊の流布の乱雑なり。

『若き日の日記』3（聖教ワイド文庫、2006年）

池田大作は、1956（昭和31）年12月21日の日記にこう書いた。創価学会は2代会長、戸田城聖が唱える「折伏大行進」により、信者数を爆発的に増やしていた。特に池田が重点的に通ったのが大阪だった。その成果は着実に現れ、この年には参院選の大阪地方区で創価学会文化部の信者が当選するなど、3名が議員になった。当時の創価学会は政教一致を思わせる「国立戒壇（日本が国家として建立する本門の戒壇）の建設」をスローガンに掲げていたが、池田には信仰の根本として尊崇すべき「御本尊」がいたずらに流布することに対するためらいがあったようだ。

12月22日

昭憲皇太后（しょうけんこうたいごう／美子／嘉永2（1849）-1914）／明治天皇の皇后

…夫れは政事向のことの様に思はるゝが之を避けたし、先帝の御戒に女は政事に容喙すべきものに非ずとあり、之を守りたし（後略）

原奎一郎編『原敬日記』第3巻（福村出版、1965年）

1912（明治45）年7月19日、明治天皇は突然体調を崩し、29日深夜に死去した。山県有朋や西園寺公望は心の準備もないまま天皇となった嘉仁（大正天皇）に強い不安の念を抱き、明治天皇に寄り添ってきた皇太后美子（昭憲皇太后）に嘉仁を後見してもらうことを提案する。だが皇太后は、明治天皇の遺訓を持ちだしてこれを断ったことが、同年12月22日の『原敬日記』に記されている。皇太后の「婦徳」は死後に称えられ、明治天皇とともに1920（大正9）年に創建された明治神宮の祭神となる。

12月23日

四方田犬彦（よもた・いぬひこ／1953-／比較文学者、映画史家）

先の天皇明仁（現在の上皇）は2001年の68歳の誕生日に際して、桓武天皇の生母が百済武寧王の子孫であったと発言した。これは日本ではあまり報道されることがなかったが、記憶されるべきである。これはそれまで言及が禁忌とされてきた天皇家の朝鮮半島との血縁的関連が、公の場で、しかも天皇みずからの口によって言及されたという事件である。

『われらが〈無意識〉なる韓国』（作品社、2020年）

天皇明仁は2001（平成13）年12月23日の誕生日に際して、自らの祖先の一人が朝鮮半島から来たと述べた。四方田犬彦によれば、日本にとっての韓国とは、自らの姿をより強固に確認するために必ず参照しなければならない、無意識的な存在にほかならない。そのことの証左がここにある。昭和天皇もまた1945年の敗戦を朝鮮半島で倭軍が大敗した天智天皇2（663）年の白村江の戦い以来の敗戦ととらえ、自らの役割を当時の天皇智天皇に重ね合わせたことがあった。

12月24日

大川周明（おおかわ・しゅうめい／1886－1957／思想家）

…講和条約が調印されるまでは、まさしく戦争状態の継続であり、吾々に対する生殺与奪の権は完全に占領軍の手に握られて居る。態々（わざわざ）裁判を開かなくとも、占領軍は思ふが儘（まま）に吾々を処分することが出来る。（中略）然るに国際軍事裁判といふ非常に面倒な手続を取ろうとするのは、左様（そう）した方がサーベルや鉄砲を使ふよりも、吾々を懲らしめる上に一層効果的であると考へたからに他ならない。

「安楽の門」（『近代日本思想大系21　大川周明集』、筑摩書房、1975年所収）

大川周明は、極東国際軍事裁判（東京裁判）で唯一の民間人としてA級戦犯に指名されたが、法廷で東條英機の頭を二度叩くなどしたため、退廷を命じられ、そのまま入院し、梅毒による精神障害と診断された。しかしもし被告席にとどまっていたら、裁判が正常な訴訟手続を経ておらず、軍事行動の一種に該当するとして、その不当性を訴えたに違いない。退院後に記したこの文章は、本当に精神障害だったのかどうかを疑わせるものだ。永遠に解けない謎を残したまま、大川は1957（昭和32）年12月24日に死去した。

12月25日

山川三千子（やまかわ・みちこ／1892－1965／昭憲皇太后に仕えた女官）

御賢明にわたらせられすぎて、となげいた人もあったとか。亡き天皇をしのばれる時があるなら、ふと浮ぶざんげのお心持がなかったとは申せませんでしょう。天皇があられたればこそ、皇后になられたのですから。

『女官』（講談社学術文庫、2016年）

1926（大正15）年12月25日、大正天皇が死去し、貞明皇后は皇太后になった。明治末期から大正初期にかけての女官、山川三千子は、持って回った言い方で皇太后を批判している。が、その具体的な内容はよくわからない。おそらく山川は皇太后について、女官にしか知り得ないことを知っていた。天皇や皇后の実像を最もよく知っているのは、侍医や女官のような表に出ない人々なのだ。皇室の権威は、数多くの秘密によって保たれていることが伝わってくる。

12月26日

高野岩三郎（たかの・いわさぶろう／1871-1949／経済学者、社会運動家）

一、第一章　主権及ビ元首
日本国ノ主権ハ日本国民ニ属スル
日本国ノ元首ハ国民ノ選挙スル大統領トスル（中略）
大統領ノ任期ハ四年トシ、再選ヲ妨ゲザルモ三選ヲ禁ズル
大統領ハ国ノ内外ニ対シテ国民ヲ代表スル

「日本共和国憲法私案要綱」（国立国会図書館ホームページ）

高野岩三郎は敗戦後いち早く憲法研究会を提唱し、日本人自身による憲法改正を模索した。1945（昭和20）年12月26日に発表された憲法草案要綱は、GHQが憲法草案を作るときの参考とされた。だが高野は、これとは別の憲法私案をほぼ同時に作っていた。ここでは憲法草案要綱とは異なり、天皇制の廃止と共和制への移行が規定されている。日本共産党の日本人民共和国憲法草案よりも早く、共和国憲法を構想していたのである。

12月27日

佐藤榮作（さとう・えいさく／1901－1975／政治家、第61－63代首相）

戦すんで開票をまつのみ。大勢はすでに決した感があるが、今日は都会票。大都会でも我党は順当に伸び、社会党枕を連ねて落選。公明、共産の当選が目につく。恐るべき連中は此の二党。

『佐藤榮作日記』第3巻（朝日新聞社、1998年）

1969（昭和44）年12月27日、第32回衆議院議員総選挙が行われ、27日、28日の両日にわたり開票作業が行われた。その結果、自民党は272から288へと議席を伸ばす一方、社会党は134から90に議席を減らした。しかし首相の佐藤榮作は、公明党が25から47へ、日本共産党が4から14へ議席を伸ばしたことに注目した。当時は新左翼や全共闘の動きに注目が集まっていたが、佐藤は彼らと鋭く対立していた共産党の方が脅威だとした。佐藤の予測は次の72年の総選挙で共産党が38議席を獲得したことで証明される。

12月28日

皇后雅子（こうごうまさこ／1963－／天皇徳仁の皇后）

この1年、多くの方が本当に大変な思いをされてきたことと思います。今年が、皆様にとって少しでも穏やかな年となるよう心からお祈りいたします。

また、この冬は、早くから各地で厳しい寒さや大雪に見舞われています。どうぞ皆様くれぐれもお体を大切にお過ごしいただきますように。

「新年ビデオメッセージ（令和3年1月1日）」（宮内庁ホームページ）

2020（令和2）年12月28日、天皇徳仁（なるひと）は初めてテレビカメラに向かい、新年ビデオメッセージを収録した。その横には皇后雅子の姿があった。6分45秒に及ぶメッセージの最後に皇后が語った言葉がこれである。皇后は「皆様」と呼びかけ、短い言葉のなかに尊敬語と謙譲語を合わせて3回も入れている。皇后は天皇とは異なり、療養生活が長引く間に国民から思いを寄せられる客体となってきた。それに対する感謝の気持ちがにじみ出ている。コロナ禍によって平成まで続いた行幸啓はできなくなり、オンラインやビデオを活用した「令和流」が模索されている。

12月29日

ヘーゲル（1770-1831／ドイツの哲学者）

…皇帝が国の中心にいて、すべては皇帝のまわりをめぐり、皇帝へとかえっていくのはあきらかで、国土と国民の幸福も皇帝いかんにかかっています。（中略）皇帝の人格が、（中略）ひたすら道徳的で、勤勉で、力にあふれた威厳をたもつ、というのでなくなれば、いたるところに力のおとろえが生じ、政治は上から下まで麻痺状態におちいり、だらしのない自分勝手なものになってしまう。

『歴史哲学講義』上（長谷川宏訳、岩波文庫、1994年）

ヘーゲルが中国の専制政治について評した一節。中国では絶対的な権力をもつ皇帝だけが自由の主体である。政治体制は専制のままずっと変わらないが、その人格いかんによってよくもなれば悪くもなる。ここにアリストテレス以来の東洋に対する差別的なまなざしを読み取ることはたやすい。しかし1911年12月29日に孫文が中華民国臨時大総統に選出され、皇帝がいなくなってからも皇帝に匹敵する権力者が繰り返し現れ、時に混乱が生じたことを想起すれば、あながち外れているとも言えなくなる。

12月30日

加藤弘之（かとう・ひろゆき／天保7（1836）-1916／政治学者）

もし公会の設けあるときは暗君といえども常に下説を聴き、下情に通ずるが故に、自然英明に移ることもあり、また姦臣権を竊まんと欲すといえども、公会下民これを縦さざるが故に、けっしてその志を遂ぐること能わざるなり。故に公会を設けるは尭の敢諫鼓を作り、舜の誹謗木を立てるにも遥に優るものにして、実に治国の大本というべきなり。

「隣草」（『現代日本思想大系1　近代思想の萌芽』（筑摩書房、1966年所収）

攘夷の嵐が吹きすさむ文久元（1861）年12月、加藤弘之はひそかに米国の政治を紹介する「隣草」を著した。公会は議会。儒教では中国古代の聖人とされる尭や舜の時代こそ「敢諫鼓」や「誹謗木」を通して民の声を君主が聴いた理想の時代とするが、加藤はいまや米国で議会を通して民意を反映させるシステムが確立されていて、この方がはるかに優れているとする。幕末の時点ですでに、中国でなく米国の制度を「治国の大本」とすべきだとはっきり言っているわけである。

12月31日

幸徳秋水（こうとく・しゅうすい／1871-1911／社会主義者）

…唯此競争、此誘惑、此感奮や除夜百八の鐘声と共に全く休止して、万人実に虚心也、坦懐也、心広く体胖（やすらか）にして利害の芥帯（かいたい）する所なく、是を以て其動静し、思考し、聞（ぶん）睹（と）し、云為（うんい）する所唯善あるのみ正義あるのみ、天下亦一毫（いちごう）の不正と非義を現ずるなし、然り新年の楽しき豈宜（あにむべ）ならずや、人と社会と既に正義也、豈自由ならざらんや、然り新年の天地程自由なるはなし（後略）

「新年の歓喜」（『近代日本思想大系13　幸徳秋水集』、筑摩書房、1975年所収）

日常の社会にはさまざまな競争や誘惑、感情が満ちている。ところが12月31日の除夜の鐘が鳴り始め、1月1日になった途端、そうした悪の要因となるものはきれいさっぱり洗い流され、善や正義だけとなる。だから新年の天地ほど自由なものはないのである。社会主義者とは思えぬほどナイーブな文章だが、納得してしまうところもある。元日営業があるとはいえ、正月の風景が幸徳秋水の生きた明治後期からあまり変わっていないせいだろうか。

おわりに

「『一日一考』と称して、日々の短い言葉から読者が政治とは何かを考えられるような本を書いてもらえませんか」

河出書房新社の朝田明子さんからこう提案されたのは、2018年3月のことだった。魅力的なテーマだと思い、試しに30ほど書いてみたが、それ以上はなかなか進まなかった。全集や日記が刊行されている人物の場合、どの文章を引用すべきか迷うこともあれば、政治家でも政治学者でも政治思想家でもない場合、政治に関係する文章を探すのに苦労する場合もあったからだ。366という数字は高くそびえたっていた。それだけの文章を拾い集めることなどとてもできないと思った。

しかしコロナ禍によって片道2時間かけ大学に行く回数が激減し、時間の余裕ができたのが幸いして、20年の春以降本格的に作業を再開した。しだいにこの作業の面白さにはまり、夢中になった。国会図書館や元教員として入れた東大図書館などが利用できなくなった分、自宅から近い横浜市立中央図書館や町田市立中央図書館を積極的に活用した。神保町の古本屋やアマゾンで購入した本も少なくなかった。気づいたらいつの間にか366に達し、差し替えた分を含めると400に迫っていた。

本書に収録した文章をあらかじめ全部知っていたわけではない。もし本書を執筆することがなければめぐりあわなかったり、知っていても深く印象にとどめることはなかったりした文章も少なくない。ふだん意識することもなかった人々の文章を集中的に読むことで、よく知られた人物ばかりに焦点を合わせて政治思想を論じてきた自らの研究の狭さや偏りに気づかされることも一度や二度ではなかった。

私はふだん原稿をワープロ専用機で書くが、本書はパソコンを活用し、原稿ができるたびに電子メールに直接打ちこんで送信した。それと同時に誰の文章をどの日に入れるか、試行錯誤を重ねた。人物は何度も入れ替わり、解説文は修正を繰り返した。編集にあたり手間のかかる膨大な作業で煩わせてしまった朝田さんには、心より感謝の言葉を申し上げたい。

2021年6月1日

原　武史

一億三千万人のための『論語』教室

高橋源一郎
Takahashi Genichiro

『論語』はこんなに新しくて面白い！
タカハシさんによる省略なしの
完全訳が誕生。
社会の疑問から、人間関係の悩み、
「学ぶこと」の意味から「善と悪」まで。
あらゆる「問い」に孔子センセイが答えます！

ISBN978-4-309-63112-7

河出新書
012

「学校」をつくり直す

苫野一徳
Tomano Ittoku

「みんな一緒に」「みんなで同じことを」は、
もう終わり。
未来の社会をつくる子どもを育てる
学校が変わるために、私たちには何ができるだろうか。
数多の"現場"に携わる、
教育学者による渾身の提言!

ISBN978-4-309-63105-9

河出新書
005

歴史という教養

片山杜秀
Katayama Morihide

正解が見えない時代、
この国を滅ぼさないための
ほんとうの教養とは——？
ビジネスパーソンも、大学生も必読！
博覧強記の思想史家が説く、
これからの「温故知新」のすすめ。

ISBN978-4-309-63103-5

河出新書
003

河出新書 032

一日一考 日本の政治

二〇二一年六月二〇日 初版印刷
二〇二一年六月三〇日 初版発行

著者 原武史
発行者 小野寺優
発行所 株式会社河出書房新社
〒一五一-〇〇五一 東京都渋谷区千駄ヶ谷二-三二-二
電話 〇三-三四〇四-一二〇一［営業］／〇三-三四〇四-八六一一［編集］
http://www.kawade.co.jp/

マーク tupera tupera
装幀 木庭貴信（オクターヴ）
印刷・製本 中央精版印刷株式会社

落丁本・乱丁本はお取り替えいたします。
Printed in Japan ISBN978-4-309-63133-2

掲載人物一覧

掲載人物一覧

掲載人物一覧